Tucholsky Wagner Zola Scott Sydow Freud Schlegel
Turgenev Fonatne Wallace
Twain Walther von der Vogelweide Fouqué Friedrich II. von Preußen
Weber Freiligrath Frey
Fechner Fichte Weiße Rose von Fallersleben Kant Ernst Richthofen Frommel
Hölderlin
Engels Fielding Eichendorff Tacitus Dumas
Fehrs Faber Flaubert
Eliasberg Ebner Eschenbach
Maximilian I. von Habsburg Fock Zweig
Feuerbach Eliot Vergil
Ewald London
Goethe Elisabeth von Österreich
Mendelssohn Balzac Shakespeare Dostojewski Ganghofer
Lichtenberg Rathenau Doyle Gjellerup
Trackl Stevenson Hambruch
Mommsen Tolstoi Lenz Droste-Hülshoff
Thoma Hanrieder
von Arnim Hägele Hauff Humboldt
Dach Verne
Reuter Rousseau Hagen Hauptmann Gautier
Karrillon Garschin
Defoe Baudelaire
Damaschke Hebbel
Descartes
Hegel Kussmaul Herder
Wolfram von Eschenbach Schopenhauer Rilke George
Darwin Dickens Grimm Jerome
Bronner Melville Bebel Proust
Campe Horváth Aristoteles
Bismarck Vigny Barlach Voltaire Federer Herodot
Gengenbach Heine
Storm Casanova Tersteegen Grillparzer Georgy
Lessing Gilm
Chamberlain Langbein Gryphius
Brentano Lafontaine
Strachwitz Claudius Schiller Kralik Iffland Sokrates
Katharina II. von Rußland Bellamy Schilling
Gerstäcker Raabe Gibbon Tschechow
Löns Hesse Hoffmann Gogol Wilde Vulpius
Luther Heym Hofmannsthal Gleim
Roth Klee Hölty Morgenstern
Heyse Klopstock Kleist Goedicke
Luxemburg Puschkin Homer
La Roche Horaz Mörike Musil
Machiavelli Kraft Kraus
Navarra Aurel Musset Kierkegaard
Lamprecht Kind Hugo Moltke
Nestroy Marie de France Kirchhoff
Laotse Ipsen Liebknecht
Nietzsche Nansen
Marx Ringelnatz
von Ossietzky Lassalle Gorki Klett Leibniz
May
vom Stein Lawrence Irving
Petalozzi Knigge
Platon Kafka
Pückler Michelangelo Kock
Sachs Poe Liebermann
de Sade Praetorius Mistral Zetkin Korolenko

La casa editrice tredition di Amburgo pubblica nell'ambito della collana **TREDITION CLASSICS** opere datate più di 2000 anni. Queste opere erano in gran parte esaurite o reperibili solo come pezzi d'antiquariato.

La serie di libri contribuise a preservare la letteratura e a promuovere la cultura. Essa aiuta inoltre ad evitare che migliaia di opere cadano nel dimenticatoio.

Il simbolo della collana **TREDITION CLASSICS** è Johannes Gutenberg, l'inventore della stampa a caratteri mobili.

L'obiettivo della serie **TREDITION CLASSICS** è di ripubblicare migliaia di classici della letteratura mondiale in diverse lingue... in tutto il mondo!

Tutte le opere di questa collana sono disponibili in edizione tasca-bile e in edizione rilegata. Ulteriori informazioni a riguardo sono disponibili presso il sito ufficiale: www.tredition.de

tredition è stata fondata nel 2006 da Sandra Latusseck e Soenke Schulz. Dalla sua sede di Amburgo, Germania, tredition offre soluzioni per la pubblicazione, in combinazione con la distribuzione internazionale di libri stampati e digitali. tredition è strutturata per dare una possibilità unica ad autori e case editrici di pubblicare libri alle proprie condizioni e senza i rischi legati alla pubblicazione convenzionale.

Per ulteriori informazioni vi preghiamo di visitare: www.tredition.de

Il Sacro Macello Di Valtellina

Cesare Cantù

Note legali

Quest'opera fa parte della collana di libri TREDITION CLASSICS.

Autore: Cesare Cantù
Cover design: toepferschumann, Berlino (Germania)

Casa editrice: tredition GmbH, Amburgo (Germania)
ISBN: 978-3-8491-2156-3

www.tredition.com
www.tredition.de

Il contenuto di questo libro proviene da materiale di dominio pubblico.

L'obiettivo della collana TREDITION CLASSICS è di rendere nuovamente disponibili, in forma stampata, i classici della letteratura internazionale. Appassionati di letteratura e organizazzioni come il Progetto Gutenberg, in tutto il mondo, hanno scannerizato e messo a disposizione le versioni digitali dei testi originali. tredition li ha rielaborati e ridisegnati in un layout attuale e moderno. Per questo motivo non possiamo garantiere la riproduzione esatta dei formati e contenuti orginali di ogni singola edizione storica. Si prega di notare, in particolar modo, che non sono state eseguite modifiche o correzioni concernenti l'ortografia. Per questo i testi potrebbero contenere forme superate o in contrasto con l'ortografia

IL SACRO MACELLO DI VALTELLINA

Episodio della riforma religiosa in Italia, 1832

Le guerre religiose del 1620 tra Cattolici e Protestanti, tra Lombardia e Grigioni.

INDICE

CAPO VI
Passo dei Lanzichinecchi per la Valtellina — Fame — Peste del
1630 — Superstizioni — Il duca di Rohan in Valtellina — Capitolato di
Milano.

Introduzione alla ristampa del 1885

CAPO I

Dottrine di Lutero, Calvino, Zuinglio diffuse negli Svizzeri e nei Grigioni—Descrizione della Valtellina—I nuovi insegnamenti penetrano in Italia e specialmente nella Diocesi di Como—Novatori rifuggiti in Valtellina—Lodovico Castelvetro—Pier Paolo Vergerio.

Intendo raccontare i turbamenti della Valtellina nel secolo XVII, abbaruffata religiosa che, come spesso, copriva una quistione di nazionalità, mista di eccessi dei popoli e di viluppi d'una politica ambidestra, fecondi di atroci successi, e dove andarono in un fascio le umane cose e le divine. Né forse è privo d'opportunità questo episodio in tempi di sette caldeggianti d'operoso contrasto fra le opinioni e la forza, di lotta fra la sublime ambizione di non sottomettersi che alla ragione pura, e il folle orgoglio di arrogare tutti i diritti di questa alla ragione individuale.

Pontificando Leone X, il sassone frate Martin Lutero aveva levata—audace—la voce contro le indulgenze, le quali, se prima erano un compenso alle gravose pene ecclesiastiche per i peccati, vennero poi a sovrabbondanza profuse, insinuandosi perfino contro gli oracoli della Chiesa, che assolvessero vivi e morti dalla pena e dalla colpa, e facendosi traffico delle bolle che le concedevano. Da questo, Lutero si aperse il varco a fare alla curia romana altri rimproveri, più uditi perché veri: poi passando dagli abusi nuovi alli vecchi, e dalla fabbrica alli fondamenti(1) impugnò l'autorità papale, il celibato dei preti, infine il sacerdozio stesso. Se, a detta di San Paolo, il giusto vive per la fede, la fede è il tutto, nulla le opere: il monaco orante e penitente è inferiore al laico credente, la fede Iddio la dà a chi egli vuole, talché l'uomo non è libero di operar la propria salute, né la Chiesa ha nulla a prescrivergli: al solo Cristo devono tutti chinarsi, né il papa ha efficienza maggiore che l'infimo fedele.

Non che con ciò si venisse a stabilire la parità di tutte le opinioni e
ad abbracciare chiunque ammette il Vangelo. Si volle piantare un'altra autorità al posto della distrutta e imporre nuovi dogmi sulla
grazia, sul battesimo, sulla cena, sui santi. Ne sorsero dunque prontamente molteplici discrepanze, e Calvino predicava in Svizzera e in
Francia dottrine diverse; e diverse ne faceva pullulare ciascun caposetta. Non è da questo luogo il ragionarne, e basterà dire che fin
là si era creduto tutto quel complesso di dogmi, di discipline, di
pratiche, che costituisce il cattolicismo. Allora si volle tutto richiamar in esame. Fin là si era venerata la sacra scrittura qual era interpretata dalla chiesa, depositaria della tradizione apostolica ed
unica dispensiera della verità; allora si volle libero a ciascuno d'interpretare la scrittura a suo senno privato. Invano i capi riformatori,
fallendo al proprio assunto, vollero limitare le credenze con simboli,
ai quali mancava ogni autorità. Né, ammesse le negazioni di Lutero
e di Calvino, s'aveva titolo per escludere quelle degli Anabattisti,
dei Sociniani, degli Entusiasti, che ripudiavano la Trinità, e la divinità di Cristo, e ogni rivelamento fuor dell'ispirazione personale.

La Chiesa non aveva mai dissimulato, e tanto meno giustificato, i
disordini e gli abusi pullulati nel suo seno; né mai tenne quei sublimi suoi comizii, che chiamansi concilii, che non facesse savii decreti
di riforma. E forse un uomo di alta e sincera volontà avrebbe anche
allora potuto condurre a mediazione pacifica, a risoluzione cristiana
la chiassosa discrepanza delle credenze e degli atti, adoprandovi
l'amore, non l'ira, l'abbraccio, non la repulsione, per saldare l'unità,
anzichè sconnetterla irreparabilmente. Ma, come in altri simili casi,
la potenza minacciata s'addormentò sull'orlo del precipizio: papa
Leone, dedito al deliziarsi ed alle lettere, e poco temendo dai
Tedeschi che reputava grossolani e sprovvisti di maschia volontà,
non ebbe tal dissensione in più concetto delle tante scolastiche, le
quali nascevano e morivano senza lasciar traccia, fra gli ozii
ringhiosi e superbi dei conventi e delle università. Scossosi poi,
come persona che è destata per forza, diede in estremi, che precipitarono la ruina. Adriano, successogli, conobbe gli abusi della curia
romana e del clero, e pensava efficacemente al rimedio. Ma la morte
gli ruppe il disegno, e i letterati ne menarono trionfo. Quando i
successori videro a quanta importanza riuscisse il movimento, già si
era là dove inutili uscir dovevano ammonizioni, consigli, sco-

muniche. Stabilita già in più parti la nuova credenza, e sostenuta coll'ardore della novità, coll'autorità d'uomini che avevano studiato a fondo, coll'interesse di quei che avevano usurpato i beni delle chiese e dei conventi, coll'appoggio dei principi, che, tolto l'ostacolo di Roma, potevano ormai fare ogni lor voglia, come capi nello spirituale, al pari che nel temporale, fin colla prepotenza delle armi. Tutto furono allora i Cattolici in impedire che la Riforma trapelasse nei paesi ancora mondi, massimamente nell'Italia, dove le crescevano pericolo l'acutezza e curiosità degli intelletti arditi e vaghi del nuovo, l'abitudine letteraria di cuculiare preti e frati, il conoscersi da presso le esorbitanze romane e l'aver i governi avvezzato i popoli a non tener come sacro tutto quanto fosse papale, né far gran caso delle benedizioni e degli interdetti. Libri, scuole, missionarii, legati furono disposti, come barriera, contro la Svizzera e la Rezia, donde il contagio viepiù si faceva vicino.

Imperocché, contemporaneamente a Lutero e senza sapere di lui, il curato Ulrico Zuinglio, in occasione che vi vendeva le indulgenze fra' Bernardino Sansone da Milano, aveva cominciato a predicare a Zurigo che una vita pura ed un'anima religiosa più sono accettabili al cospetto dell'Eterno, che non macerazioni e pellegrinaggi. Poi, che il pane ed il vino erano soltanto simboli del SS. Corpo e Sangue. Indi via via, sulla messa, sul purgatorio, sulla confessione, sul venerare i santi, sul celibato dei preti, una folla di novità che pretendeva antichissime.

Sono i Grigioni discendenti da quei Reti che, devoti a libera morte, difesero l'indipendenza loro contro le armi di Roma, stando a scirocco della Svizzera, nelle valli dove sorgono il Reno e l'Inn, e dove molti Romani rifuggirono al cader dell'antichità, siccome l'attesta la lingua che ancor vi si parla, detta ladina e romancia.

Fra le turbinose vicende che mutarono faccia all'Europa, subirono anch'essi le leggi della prepotente feudalità e il dominio dei vescovi di Coira e d'una folla di signorotti che, possedendo appena poche pertiche di paese, si arrogavano però la sovranità indipendente, guerreggiavano coi vicini, opprimevano i sudditi, svaligiavano i viandanti.

Ai costoro soprusi opposero i popoli la concordia dei voleri. Insorti, furono però moderati dall'essersi posti alla loro testa il vescovo di Coira, gli abati di San Gallo e di Dissentis, sotto la cui direzione si formò la *lega Caddea*.(2)

Gli altri preti ne presero coraggio a domandare ai loro signori giustizia e sicurezza. I quali signori, accoltisi intorno ad un acero che si venera presso Truns, fra Hanz e l'abadia di Dissentis, e sospesi i loro grigi gabbani al ferrato bastone infisso nelle rupi, giurarono d'essere buoni e leali federati, e così formossi la *lega grigia*(3) che diede agli altri il nome di Grigioni. Quando poi fu morto l'ultimo dei conti di Tockeburgo, i suoi vassalli strinsero la lega delle dieci dritture o giurisdizioni(4). Coll'oro, col coraggio, colla spada, assicuratisi dalle minacce dell'imperatore Massimiliano, che voleva rimetterli a soggezione, le tre leghe si congiunsero fra loro a Vazerel, stipulando di dividere i pericoli per difendere il franco stato e giudicare i comuni interessi in una dieta che, a vicenda, si terrebbe a Coira, a Hanz e a Davos. Ciascuna lega restava divisa in comuni, ognuno dei quali regolava i propri affari interni e mandava deputati alla dieta, talché il governo fu quivi più democratico che in qualsiasi altro luogo e possedeva quel voto universale, che oggi vuol considerarsi come la miglior espressione della libertà. Ogni valle, anzi, ogni terra, ogni parrocchia(5), si conservò stato indipendente, con governo proprio, diritti, privilegi. Talvolta ciascuno forma un comune, tal altra se ne riuniscono diversi, e nell'assemblea loro ha voto chiunque compia i 18 anni per elegger tutte le autorità, dal podestà o Ammann o ministeriale, che giudica nel civile e nel criminale, e dal curato fino al cursore e al campanaro(6).

Varii Comuni uniti costituiscono una giudicatura (*hoch Gericht*) sotto un landamano o podestà. Tutte insieme poi le 25 giudicature, i 49 grossi comuni e gl'innumerevoli piccoli, ogni anno, al san Giovanni, tenevano i comizi generali (*Bundstag*) alternandoli fra Davos, Hanz e Coira, dove i Grigi avevano 28 suffragi, 24 i Caddei, 15 le Dritture. In casi straordinarj radunavano (*Beytag*) i soli capi e primarj ufficiali, per lo più in Coira, i quali pure non potevano dar voto che secondo le istruzioni ricevute dalle loro comunità, presso le quali rimaneva sempre il poter sovrano. Ciò rendeva lungo e spendioso il trattare coi Grigioni, bisognando girar di comune in comune ad ungere le girelle perché corressero. Ne derivò sfacciata corruttibilità, intrigo universale e una sfacciata oligarchia, la quale concentrò nelle due famiglie dei Planta e dei Galis tutti gli uffizi di lucro o di onore.

Giovanni Comander, arciprete della cattedrale in Coira, Enrico Spreiter, Giovanni Blasius, Andrea Fabritz e Filippo Salutz, avevano propagato fra i Grigioni le dottrine di Zuinglio e di Calvino, e ben presto la riforma si stabilì nelle Dieci Dritture; nella Lega Caddea prosperò attorno a Coira, ma scarsamente nell'Engadina e pochissimo nella Lega Grigia.

Invano gli Svizzeri fedeli tentarono rimettervi il cattolicismo; invano della Riforma disgustarono gli Anabattisti ed altri trascendenti, dai quali Lutero e Zuinglio erano esecrati non meno che il papa: nella dieta d'Hanz fu stabilito che a tutti fosse libero professare la religione cattolica o l'evangelica; i ministri non insegnassero se non ciò ch'è contenuto nel Vecchio e Nuovo Testamento. Questo restò fino ad oggi lo statuto religioso dei Grigioni. Ogni parrocchia ebbe il diritto di sceglliersi i pastori; sciolti gli obblighi ereditati di far celebrare messe e anniversarj; non si ricevessero più frati nei monasteri, non si mandasse danaro a Roma per annate o dispensa o che altro motivo. La Chiesa vi fu costituita al modo svizzero, senza vescovi, e con concistori e conferenze; poi s'introdusse il sinodo nazionale, che s'accoglieva ogni mese di giugno.

Il fiume Adda, scendendo dal monte Braulio ai confini del Tirolo tedesco sino a perdersi nel lago di Como, traccia il corso della Valtellina, la quale toccava a levante esso Tirolo, a mezzodì i dominii bergamaschi e bresciani della Repubblica veneta, a settentrione le terre dei Grigioni, dai quali paesi tutti è separata per montagne più o meno alte, alcune altissime fra le prime d'Europa; e basti nominare lo Spluga e lo Stelvio, attraverso ai quali si va ai Grigioni ed ai Tirolesi, una volta per scabri sentieri alpestri, oggi per vie stupende. Ad occidente la Valtellina finisce in un vasto delta, impaludato dal fiume e dagli scoli montani, e che tocca il territorio milanese e il lago di Como. Di terre importanti è seminata, di cui sono principali, sul fondo stesso della valle, Morbegno, Sondrio, capo della valle, Ponte, Tirano, congiunte allora appena da scoscesi viottoli, ora da piana strada. La valle si sviluppa in una serie di bacini, chiusi da strozzature di monti ravvicinantisi. E principalmente alla Serra questi la chiudono quasi affatto, lasciando solo un piccolo e difficile accesso ad un altro ampio anfiteatro, che forma il contado di Bormio. Sboccano in questo le valli Viola e di Pedenosso, che a maestro mette all'Engadina e ai Grigioni; la val Furva a levante, che verge alla Camonica e al Bresciano; e a tramontana la valle di Fraele, per cui entrando nella retica valle di Santa Maria, si va in Val Venosta e a Bolzano nel Tirolo. All'opposta estremità della Valtellina, verso il lago di Como, si prolunga a settentrione un altro contado, di cui era capo Chiavenna, terra di grossi traffici, perché chiave d'un trivio che, verso mezzodì, scende al lago di Como, a settentrione sale, per la valle San Giacomo e pel letto del Liri, al monte Spluga, donde si varca alla valle del Reno e a Coira, città capitale dei Grigioni. A greco poi s'interna la valle della Mera, che comunica colla val Pregallia, e questa coll'Engadina, dove sorge l'Inn, che, innavigabile, procede fin nel Tirolo.

Altri varchi ha la Valtellina. E principali quel della Casa di San Marco verso i Bergamaschi; e Zappelli di Aprica verso i Bresciani; a Tirano la valle di Poschiavo, italiana di lingua e grigione di governo; a Sondrio la val Malenco, che termina nella montagna del Muretto, per le cui ghiacciaje si cala fra Grigioni.

Il cielo, la lingua, le produzioni della Valtellina e dei contadi son quelle della Lombardia ed alla Lombardia erano state sempre unite, obbedendo nell'ecclesiastico ai vescovi di Como, nel civile, ai duchi di Milano. Ma quando questi s'infiacchirono col separare la causa loro da quella dei popoli, la lasciarono invadere da stranieri. I Grigioni, non appena assicurata la libertà, ambirono conquiste e, con quei pretesti che non difettano mai agli ambiziosi, piombarono assai volte sulla Valtellina; nel 1512 la occuparono tutta, e benché nella pace di Jante la ricevessero come cara e fedele confederata al vescovo di Coira e alle Tre Leghe, salvo i privilegi e le consuetudini sue antiche, l'ebbero ben presto ridotta a serva. Solito abuso di chi ha la forza.

A reggerla mandavano a Sondrio, ogni quattro anni, un capitano della valle, e negli altri due *terzieri* un podestà biennale. Restavano governati a parte i contadi di Bormio e Chiavenna. Questi magistrati oltre l'essere esosi, perché forestieri, non erano limitati da stabili leggi: compravano a danaro il posto e se ne rifacevano regolando la giustizia, secondo l'avarizia e l'ambizione. Peggio andò quando entrarono di mezzo anche le dissensioni religiose.

Le dottrine nuove propagate nei Grigioni, per la vicinanza, per il commercio, per i magistrati, non tardarono a introdursi anche nella Valtellina, piacendo ai Grigioni dominatori che questa si allontanasse ognora più dalla Spagna, allora dominatrice del Milanese e capitana della parte cattolica. Adunque a Poschiavo da Rodolfino Landolfo fu piantata la prima stamperia che i Grigioni avessero; e per quanto il papa e il re di Spagna ne reclamassero, seguitava a diffondere i libri dei Riformati per l'Italia; la valle fu aperta a quegli Italiani, che, per sospetto di eresia, erano dalla patria sterminati.

Perocché, appena i nuovi insegnamenti valicarono le Alpi, furono qui accolti, studiati e applauditi nell'ombra e nel mistero. Che se qui non suscitarono tanto incendio come in Alemagna, nasceva da ciò che il popolo, già avvezzo a sentir declamare da novellieri, da poeti, da predicatori contro la corte di Roma, come si tollerava pienamente, non trovava in quelle diatribe l'allettamento della novità. Deditissimo poi agli spettacoli religiosi, non sapeva abbracciare un culto senza bellezza, senza vita, senza amore, surrogato a quella bella liturgia romana, ove i canti, or lieti e trionfali, or teneri e melanconici, gravi sempre e maestosi, e le cerimonie, venerabili per antichità e per significazione profonda, riposano sul dogma della presenza reale, e si manifestano con una ricca e magnifica arte, composta di idee, le più sublimi unite ai simboli più graziosi. Dei sentimenti più puri, manifestati colle forme più splendide e variate. Un culto che all'Italia diede una seconda gloria, quella delle arti, e il primato sul mondo, quando la politica la cancellava col sangue dal catalogo delle nazioni. Se aggiungi l'essere più vicino il rimedio, anzi nel cuore, troverai le ragioni onde Iddio vestì la grazia che concesse alla nostra patria di rimaner nell'arca ov'è la sicura salute.

Molti però aderivano ai nuovi teologanti, condotti o dal febbrile aspirare a perigliose novità e da smania di farsi nome, o da paura di sembrare attardati nel comune movimento, o da imitazione. Non pochi allettati dallo specioso nome di riforma, che sì spesso significa rivoluzione e che vieppiù lusingava quando la Chiesa congregata non aveva ancora tolti in esame i fondamenti delle controverse dottrine. Chi del diffondersi dei nuovi dogmi in Italia più volesse sapere, ricorra allo Schelornio, al Gerdesio, ad altri, con questo però di crederli a riserva, giacché per leggerissime ragioni pongono della loro taluni, che non cessarono d'essere fedeli cattolici. I novellieri, come Masuccio Bandello, il Poggio, il Sacchetti, il Lasca, ridondavano di burle sul clero. I poeti, dall'iroso Dante fino al bizzarro Ariosto, avevano bersagliato i papi. Uomini di gran senno e gran virtù palesavano la necessità di togliere ai Riformati il maggiore pretesto col levare dalla Chiesa gli abusi. E tutti costoro, e il Bembo, il Trissino, il Flaminio, altri ed altri, furono dai protestanti contati come eretici, benché sapessero abbastanza che per riformare non è mestieri distruggere, e che le riforme opportune e durevoli devono venire dall'amore, non dalla collera, dall'autorità che dirige, non dalla violenza che tumultua(7).

Noi limitandoci a riferire ciò che riguarda il paese di cui trattiamo, o a cui siamo recati da questo racconto, diremo come fra le masnade alemanne, che calpestarono l'insanguinato terreno di questa povera patria nelle guerre, in cui il fatale Carlo V spegneva l'indipendenza italiana, molti erano già, non pure aderenti, ma fervorosi in quelle novità; toglievano a gabbo le superstizioni del popolo che trucidavano, e tutt'insieme il culto, i preti, le dottrine. Fra questi Giorgio Freundsperg tirolese, che fu uno dei maggiori capitani, e inventò i Lanzichenecchi, fanteria stabile disposta in reggimenti, armata di picche e secondata dai reitri a cavallo. Entusiasta luterano, costui portava sempre allato un laccio d'oro, col quale vantava di voler strozzare in Clemente VII l'ultimo dei papi. Passò egli pel lago di Como al tempo delle fazioni ivi esercitate contro Giangiacomo Medici castellano di Musso(8), e si fermò anche a Sorico, deponendovi la testa colossale di Pompeo, rapita nel sacco famoso di Roma, e che poi recò a Parigi.

Uno dei primi ad infervorarsi della riforma fu Francesco Minicio, detto così secondo l'uso d'allora da Menaggio sua patria(9), lodato da Erasmo di Rotterdam e dall'Alciato, e cui il Frobenio in una lettera a Lutero fa onore del titolo di eruditissimo e sacro alle muse. Egli da Basilea, dove molte opere di italiani eretici si stamparono, recò di qua dall'Alpi i libri di Lutero, ed essendo stampatore in Pavia ebbe modo di propagarne rapidamente le invettive, forse in buona fede lusingato dalle parole antiche onde si coprivano errori nuovi. Quei libri diedero una scossa agli ingegni, ed era per tutto un cianciar di teologia, come oggi si ragiona di politica ben o male, e presumendo ognuno di saperne quel che n'è, e riprovando chiunque non pensa come lui. Egidio della Porta, agostiniano comasco dopo esser frate da quarant'anni, nei quali aveva predicato con fama di singolare eloquenza, scriveva a Zuinglio come le verità del Cristianesimo fomentassero in esso non il fervore, bensì l'ambizione: "e sicché Iddio mi mostrò (così egli) la mia nullità, e che siamo polvere e nulla più. Allora io gli chiesi: *O Signore, cosa vuoi ch'io faccia?* e l'anima mia si sentì dentro gridare: *Va e trova Ulrico Zuinglio, ed egli t'insegnerà quel che tu deva*". E finisce assicurando lo Svizzero che molti altri suoi paesani s'erano con lui rivolti al lume dei nuovi insegnamenti. Zuinglio gli fece risposta che rimanesse e traducesse in italiano il nuovo Testamento, che poi farebbe stampare a Zurigo. E di qui cominciò ricambio di lettere, in una delle quali il comasco prega l'altro a dissipare al più tosto certi dubbj dei religionarj suoi: "scrivete una lettera, ma con prudenza, che sono pieni di orgoglio e d'amor proprio. Con qualche testo delle sacre carte, fate loro veduto siccome è voler di Dio che la parola sua venga predicata con semplicità e senza fronzoli e che peccano in lui coloro che, come responsi del cielo, spacciano le proprie opinioni"(10).

Nei partiti non si guarda ai mezzi, e dalle più strane vie si confida la riuscita; e il nostro frate esultò quando vide le bande di Carlo V calar in Italia col Freundsberg e col Borbone; e quei miserabili che da un capo all'altro devastarono miserrimamente l'Italia, erano da lui sperati salvatori, e a Zuinglio scriveva: "Dio ci vuol salvare; scrivete al contestabile che liberi questi popoli; alle teste rase tolga il denaro, e lo faccia distribuir al popolo che muore di fame. Poi ciascuno predichi senza paura la parola del Signore. La forza dell'anticristo è prossima al fine".

Corre una popolare tradizione che Martin Lutero predicasse in molti paesi del lago di Como, e che a Menaggio alcuni lo facessero per ispregio cader di pulpito. Del che, indispettito, voltò loro le spalle, pronunziando certi versetti d'improperio che corrono fin oggi per le bocche di quei terrazzani. Di ciò io non trovai monumento: pure la tradizione deve avere qualche fondamento(11). Ben è fuor di dubbio che Calvino, verso il 1535, visse sconosciuto alla corte di Ferrara presso la duchessa Renata di Francia, scolara sua di religione, e non pochi guadagnò. Ma poiché vennero scoperti, chi fu preso, chi scampò, chi venne messo a carceri e tormenti(12).

Per le persecuzioni, com è il solito, nessuno si convertì, alcuni dissimulavano le loro opinioni, i più fuggivano là dove potessero trovar pace, negli Svizzeri, fra i Grigioni. E per continuare in luoghi ove il cielo, i costumi, la favella gli avvertisse d'essere ancora in Italia, si ricoveravano nei baliati svizzeri italiani, che oggi sono il Canton Ticino, in Valtellina e massimamente a Chiavenna.

Il primo che d'Italia ci capitasse fu Bartolommeo Maturo, priore dei Domenicani di Cremona, che predicò le novità in Valtellina nel 1528. Poi nella Val Pregalia, infine fu pastore a Vicosoprano e nella valle di Tomiliasca. Ai piedi dell'Albula s'erano messi Francesco e Alessandro Bellinchetti fratelli bergamaschi e, abbracciata la riforma, vi lavoravano una miniera di ferro. Avendo voluto riveder la patria, furono arrestati dall'inquisizione; la dieta retica li reclamò come proprii cittadini, e non fu ascoltata se non quando minacciò confiscar i beni dei Domenicani in Morbegno.

Le due Engadine e la Pregalia devono ai rifuggiti italiani la loro riforma, talché divenne prevalente il numero dei protestanti(13), e più facile il propagarsi nella confinante Valtellina.

Giulio da Milano, prete secolare, predicò nell'Engadina inferiore e fondò a Poschiavo una chiesa, di cui per trent'anni fu pastore (1571). E lì attorno le chiese di Brusio, Ponteilla, Prada, Meschin, Piuro: ed ebbe successore Cesare Gaffuri francescano di Piacenza.

Un Parravicini valtellinese fondò una chiesa privata a Caspano nel 1546: ma essendosi trovato un crocifisso fatto a pezzi, il popolo in furore arrestò lui, che al tormento si confessò reo di tal sacrilegio: ma a Coira protestò aver confessato solo per lo spasimo, e se ne accertò autore uno studente.

A Chiavenna che, dopo che si era data ai Grigioni era cresciuta del doppio, fece lunga dimora Girolamo Zanchi, canonico regolare di Alzano bergamasco, che stampò a Ginevra sei volumi d'opere teologiche e del cui sillogizzare tanto conto si facea che Giovanni Sturmio ebbe a vantare, se solo fosse mandato a disputare contro tutti i teologi adunati a Trento, avrebbe fatta sicura la causa dei protestanti(14). Là pure visse e morì nei 1563 Agostino Mainardi agostiniano, che scrisse l'*Anatomia della messa e la soddisfazione di Cristo*: e che unito ad un prete, Giulio da Milano, ed a Camillo Siciliano stabilito a Caspano, e a Francesco Negri capanese, autore d'una *Tragedia del libero arbitrio*, a Chiavenna educava figliuoli.

Il Mainardi fu accolto dal ricco Ercole Salis a Chiavenna e posto capo della chiesa quivi allora formatasi, e nella quale gli successe poi lo Zanchi suddetto. Perocché, ad interpellazione di esso Salis, la dieta di Davos del 1554 aveva dichiarato coloro che abbracciassero la riforma in Valtellina potrebbero tener in casa precettori e catechisti; e i rifuggiti stanziare sulle terre della repubblica, dopo sottoscritto alla confessione evangelica.

Francesco Stancari mantovano insegnò in Valtellina l'ebraico, prima d'andare a professarlo in Polonia.

A Teglio fu ministro Paolo Gaddi cremonese, che aveva fatto tirocinio a Ginevra, poi assistito alcun tempo il pastore di Poschiavo.

Frate Angelo di Cremona domenicano, che lassù predicava la quaresima nel 1556, si avventò contro gli insegnamenti e i riti riformati, talché l'uditorio malmenò la costoro cappella e il Gaddi ed altri; e il governatore della pace ordinò che esso ministro si collocasse altrove.

Il sospetto di contagio religioso indusse il vescovo di Como sin nel 1523 a spedire in Valtellina un fra' Modesto inquisitore; ma ne fu respinto, e si stanziò che nessun inquisitore entrasse più su quel territorio. Il clero e i cattolici zelanti non cessarono di opporsi singolarmente a cotesto accogliere i profughi d'Italia; frati e particolarmente cappuccini assai venner da Milano e da Como a predicare la verità. Nel 1551 si domandò l'attuazione di una legge antica, per cui nessun profugo o predicatore evangelico potesse rimanere più di tre giorni in Valtellina. Antonio Planta governatore, benché riformato, temette il furor del popolo e consentì la domanda, ma la dieta rinnovò il suo primo editto.

Poi nel 1557 rese un decreto che fu messo fra le leggi fondamentali per cui si permetteva di predicare *il Vangelo* in tutta la Valtellina e nei contadi. Dove vi fosser più chiese, una si attribuisse ai riformati; dove una sola, servisse ai due culti; i ministri protestanti fossero abili a tutti gl'impieghi; nessun ecclesiastico straniero potesse dimorarvi se non dopo esame ed autorizzazione del sinodo pei protestanti, e del vescovo di Coira pei cattolici. I riformati non fossero tenuti a osservar le feste dei cattolici.

Il pastore della ricca chiesa di Chiavenna ebbe un terzo delle rendite della cattolica; gli altri almen 40 scudi, prelevati sui benefizi degli assenti o della parrocchia. Altre chiese v'erano a Tirano, Regoledo, Mello, Morbegno, Dubino. Più tardi se ne posero anche nel contado di Bormio, e pare che almeno venti ne esistessero in Valtellina, tutte servite da rifuggiti italiani. Insomma la valle poteva dirsi un compendio di tutt'Italia: tanti erano quelli che da ogni paese vi si ricoverarono, allettati dalla vicinanza, dalla fida compagna dei profughi e dalla speranza di prossimi cambiamenti.

E potevano essi consolarsene al vedere ed all'esagerare a se stessi, secondo si suole, come in ogni parte germogliasse quel ch'essi chiamavano seme della parola di Dio. Notissimo è come da antico stessero ricoverati nelle valli subalpine di Luzerna e Agrogna a pié del Monviso alcuni dissidenti, forse avanzo dei Valdesi, dei quali portano il nome. Tollerati e tranquilli sinché i nuovi riformati svizzeri li sollecitarono a metter fuori le professioni di loro fede, e in tal modo provocare la persecuzione. A quelle chiese aveva servito di molta dottrina Scipione Lentulo napoletano, e quando Emanuele Filiberto duca di Savoja cominciò acerba persecuzione contro i Valdesi, egli molto soffrì, indi ricoverò a Sondrio, poi a Chiavenna, coltivandovi le nuove credenze in compagnia di Simone Fiorillo, pur napoletano.

Molto radicarono le nuove opinioni in Vicenza, ed un'accademia di quaranta si era radunata per prendere partito del come credere e adorare. Inquisizione ecclesiastica non tollerava Venezia, ma i suoi inquisitori di Stato colsero cotesti novatori, e fecero strozzare Giulio Trevisani e Francesco di Rovigo: gli altri scamparono a rotta. Fra i quali Alessandro Trissino con altri riparò a Chiavenna, donde scriveva al concittadino suo Lionardo Tiene, perché con tutta la città abbracciasse una volta a viso aperto la riforma.

I Socini di Siena avevano intanto spinta più logicamente la libera interpretazione del Vangelo; e, invece di arrestarsi a confini arbitrarj, negarono la Trinità e in conseguenza la redenzione. Fu loro discepolo Giampaolo Alciato da Milano, che predicò a Ginevra(15) ed in Polonia con l'altro sociniano piemontese Giorgio Biandrata; e Calvino, che visto il trascendere della riforma pensava frenarla coll'autorità che aveva scassinata, avventò contro lui parole certo non tolte dal Vangelo: "uom non solo di stolido e pazzo ingegno, ma di affatto farnetico sino alla rabbia". E Teodoro Beza, altro caporione, lo intitolò "uomo delirante e vertiginoso" onde, mal sicuro a Ginevra, ricovrò verso il 1560 a Chiavenna.

Nella visita fatta alla Valtellina nel 1594, il Ninguarda vescovo di Como trovava ricovrati a Sondrio parecchi sbanditi dalla patria, singolarmente artefici di Cardona e del Bresciano; Natalino da Padova, Calandrino da Lucca, Luigi Valesano prevosto di San Mojolo; a Boalzo il domenicano Forziato Castelluzio calabrese; a Poschiavo, frate Agostino agostiniano d'Italia (forse è il suddetto Mainardi), che già aveva tratto dalla sua un quarto degli abitanti; a Morbegno avevano messo famiglia Giulio Sadoleto di Modena, Bernardo Passajotto vicentino, Pier Giorgio d'Alessandria sartore, Giovan Battista ed Aurelio Mosconi del Polesine, Francesco Rapa di Musso, Paolo Benedusio e Giovanni Antonio Corte di Gravedona e vi predicava Girardo Benedettino di Fossano piemontese.

Caspano, il semenzajo della nobiltà valtellinese, abbondava più che altri di evangelici, come essi si intitolavano o di eretici come gl'intitolavano i nostri, ai quali predicava Angelo cappuccino piemontese; Lorenzo Gajo di Soncino minor osservante predicava a Mello, e un cappuccino a Traona. In altri libri scontrai Ottaviano Mej lucchese(16), uomo di grande erudizione in greco ed ebraico, e di virtù lodatissima, che per lungo tempo fu ministro in Chiavenna e morì nel 1619; Antonio dei Federici di Sonico in Valcamonica stava a casa in Teglio. Ortensia Martinenga contessa di Barco(17) viveva a Sondrio. Isabella Manrica di Bresegna napoletana, ricchissima e colta e in relazione con Annibal Caro, stette a Chiavenna in povertà e ritiro, alla quale dedicarono Celio Curione la vita della Morata, e frate Ochino l'opera della presenza di Cristo nel Sacramento. Marcantonio Alba di Casale Monferrato era predicante in Malenco. Plinio Parravicino comasco a Vicosoprano. Antonio Tempino di Gardona in Teglio. Vincenzo Parravicino comasco, ministro nei Grigioni, voltò dal francese in italiano il trattato di Mestrezat sulla comunione di Gesù Cristo nel sacramento della cena. Aggiungiamo frà Francesco Carolini, Paolo Barretta ed Antonio Crotti da Schio vicentino; altri ce ne verranno nominati nel processo di questo racconto.

Non so se qui porre il famoso Lodovico Castelvetro, che il Fontanini incolpò, il Muratori difese dall'apostasia. Certo è che Modena, sua patria, andava molto presa alle nuove dottrine; un'intera accademia ne venne accusata, e fin due di provata virtù, Egidio Foscherari vescovo ed il celebre cardinal Morone, n'ebbero a soffrire persecuzione. Il Castelvetro, a parte dell'accademia, fu pure a parte dei guai. Entrò poi con Annibal Caro in una di quelle baruffe delle quali di tanto in tanto i letterati italiani rinnovano lo stomachevole spettacolo. E allora, come adesso, non si agitavano solo coi reciproci strapazzi e col prezzolare la penna di quei petulanti per cui è un bisogno l'odiare e il farsi odiare, e che non avendo bontà che fregi la memoria loro aspirano alla fama di Erostrato, insozzando altrui col proprio fango, ma correvano le coltella e i titoli infami e (se ne consolino i nostri) l'infame spionaggio: e il Caro, o i partigiani di lui, scesero alla codardia di rapportare il Castelvetro al Sant'Uffizio. Il Sant'Uffizio non era un ministero, con cui fare a credenza. Onde il Castelvetro per timore degli *esorbitanti* rigori dell'inquisizione, colpa o no che ne avesse, riparò a Basilea, a Lione, a Ginevra; poi con Giovanni Maria suo fratello si condusse a Chiavenna(18). Quivi si avvenne a Francesco Portocretese, amico suo d'antica data, già lettore di greco in Modena e in fama dei più dotto uomo d'allora, il quale già era con lui stato involto nell'affare dell'accademia, poi vissuto con Renata d'Urbino, e scoperto aderente a Calvino aveva dovuto dar un addio all'Italia. Il Castelvetro, per compiacere a molti giovani studiosi, teneva in Chiavenna ogni giorno una lezione sopra Omero ed una sopra la *Rettorica ad Erennio*, discretamente sofistico, gonfio di sé e sprezzator degli altri e sapendo non credere tutto bello, tutto vero ciò ch'è antico: fors'anco vi leggeva ai giovani quei commenti sul Petrarca che abbiamo a stampa. Secondo il merito lo stimò e lo protesse Rodolfo dei Salis di Solio, il quale a lui morto pose una lapide(19), che diceva come, fuggito dalla patria per iniquità d'uomini malvagi, dopo decenne esilio, finalmente su libero suolo, morto libero, libero riposava. Venne tacciato il Castelvetro d'avere tradotto un libro di Melantone, con quel suo carattere di stile che non può essere contraffatto: nelle opere postume, comunque temperate dagli editori, trovò la curia romana di che condannarle all'indice, ma benché scomunicato, non consta ch'egli abjurasse la fede. Il che, se stato fosse, non l'avrebbero taciuto i nemici per vendetta, i religionarj per trionfo.

Chiarissimo tra i rifuggiti in Valtellina è Pier Paolo Vergerio, che spedito nunzio del papa in Germania quando più il luteranesimo acquistava, caldamente operò a bene della vera fede. Le sue lettere spirano religione, vivo zelo per gl'interessi di Roma e speranza di richiamare sul cammin dritto Lutero, col quale anche s'abboccò. Ma tornato, quando attendeva la porpora in premio di sue fatiche, l'invidia il bersagliò di maniera che, allontanato da Roma, fu messo vescovo prima a Mondrussa in Croazia, poi a Capodistria sua patria. Ivi egli pose studio a correggere gli abusi della sua Chiesa, allontanare il convento delle monache da uno attiguo di frati, cessare le leggende di san Cristoforo e del drago di san Giorgio, levare certe strane effigi, negar ai santi la protezione speciale su certe malattie, togliere le tavolette dei miracoli. Per questo gli furono addosso i frati zoccolanti ed altri operosi nemici quali il celebre Muzio, povero arnese che la corte romana pagava allora come suo campione, e monsignor della Casa, l'autore del *Galateo*, che lo dipinsero come luterano marcio nel cuore. Tali accuse acquistavano allora sì facile credenza, come una volta le stregherie e nei tempi a noi vicini quelle di giansenista e l'altre generiche, a cui la vaghezza toglie di esser colpite di risposta. Il Vergerio si condusse al concilio di Trento, a radunar il quale efficacissima opera aveva prestata, ma ne venne rigettato: ricovrò a Padova e sentendosi o temendosi ricercato fuggì in Valtellina, e fu sentenziato d'eresia. Chi sente la rara virtù di resistere con tranquilla mente agli iterati colpi della fortuna, ossia della malvagità degli uomini, slanci la pietra contro di lui, perché il dispetto, il bisogno, la disperazione lo trasformarono in un furioso novatore. Girò la Germania portando seco, invece di tesori mondani, molti scritti dei novatori, dicendo "con certa sua eloquenza popolare ed audacemente maledica" cose di fuoco contro monsignor della Casa, principalmente per quei sozzi capitoli della Formica e del Forno, contro Paolo III, contro il Concilio, contro le fede: "e sono certo — dice Bayle — che pochi libri si facevano allora, i quali fossero letti con più avidità da costui". A persuasione di lui, gli Svizzeri non intervennero al Concilio. I Grigioni, che vi avevano mandato il vescovo Tomaso Pianta, lo richiamarono. A Pontaresina, ai piedi del monte Bernina, predicò il Vergerio sulla giustificazione e sui meriti della morte di Cristo e ridusse gli abitanti alla riforma, come pure a Casaccia sotto la montagna Maloggia. E la chiesa di Poschiavo consacrò al nuovo culto(20), a cui tanti proseliti acquistava la sua apostasia. Quando nel 1553 visitò la Valtellina, una deputazione supplicò il governatore di impedirlo, altrimenti non rispondevano degli scandali che potessero nascere; e il Vergerio si tenne per avvisato, e si ritirò. Ma nel 1563 il nunzio papale Visconti scriveva da Trento a san Carlo, essersi per lettere del monsignor di Como inteso che il Vergerio si trovava in Valtellina, predicando ogni male del Concilio. Poi, mentre aveva perduta l'alta sua posizione nel clero cattolico, non acquistò la confidenza dei protestanti, perché libero pensatore, e non aderendo a Lutero più che a Zuinglio, diveniva sospetto a tutti. Il far episcopale che conservava ingelosì i ministri retici, talché si ricoverò a Tubinga, dove morì al 1565 ed alcuni ne dispersero le ceneri.

Così i Riformati già erano a lite fra loro. E anche in Valtellina i rifuggiti, come avviene quando il senno individuale sottentra al comune, mancava un punto d'accordo. Abbandonandosi all'orgoglio della libera interpretazione mettevano fuori sottigliezze ed errori ogni giorno nuovi e, intolleranti quanto coloro da cui si erano staccati, ognuno accusava l'altro perché facesse uso di quella libera ragione sulla quale egli stesso si appoggiava. In esecrare il papa e riprovar la chiesa cattolica e abbattere il clero erano unanimi, ché facile è accordarsi nell'odio e nella negazione. Ma quando si venisse ai dogmi, nasceva quella confusione che è inevitabile ove ognuno ha diritto d'essere interprete della parola di Dio. Repudiato poi il simbolo cattolico, che pure traeva autorità dall'ispirazione superna, qual ragione doveva legarli al simbolo luterano o al calvinista, opere d'uomini, variate nelle successive edizioni? Quindi molti trascorrevano con Socino a negare la trinità, o cogli Anabattisti a non accettare che la personale aspirazione.

Francesco Calabrese e Girolamo da Mantova predicavano apertamente contro il battesimo dei bambini in Engadina, onde furono espulsi dall'inquisizione protestante, che non era meno intollerante della romana. Camillo Renato spacciò uguali dottrine a Caspano, poi a Chiavenna; e vi costituì una chiesa separata ove s'insegnava che l'anima finisce col corpo, che soli i giusti risorgeranno ma con corpo diverso, che niuna legge naturale impone cosa fare od ommettere, che il decalogo è inutile a coloro che credono, lor legge essendo lo spirito, che il battesimo e la cena son semplici segni di avvenimenti passati, e non portano alcuna grazia particolare o promessa. Il Mainardo tentò correggerlo, e stese una confessione di fede che ne riprovava gli errori, ma esso gli rispose violentemente, incoraggiato dal Negri e dallo Stancari. Benché il sinodo grigione del 1547 lo condannasse al silenzio, continuò e infine il concistoro di Chiavenna lo dichiarò scomunicato. Adopravano cioè le armi dell'autorità, quelli che l'autorità impugnavano. Camillo è dato dai contemporanei come maestro di Lelio Socino, il quale in fatto molto il frequentò a Chiavenna. I suoi seguaci procurarono che per gl'Italiani riformati si stabilisse un sinodo di qua dei monti, senza dover condursi a quelli fra i Grigioni, paese lontano, di lingua diversa, e dove si tolleravano alcuni riti cattolici, di qui ripudiati. Ma si conobbe ch'era arte per prevalere dove minor fosse il numero, e che pericolerebbero le chiese cisalpine col disunirsi dalle retiche.

Anche Michelangelo Florio ministro a Solio, e Gerolamo Torriano a Piuro variarono intorno all'espiazione. Luigi Fieri bolognese a Chiavenna impugnò la divinità di Cristo, onde fu scomunicato nel sinodo del 1561. E poiché gli Antitrinitarii erano perseguitati in Isvizzera, molti vennero in Valtellina, fra cui Camillo Socino, Marcello Squarcialupo medico di Piombino, Niccolò Camulio, ricco negoziante, che col Torriano suddetto e con Bartolommeo Silvio ministro di Traona predicavano nel loro senso, finché il sinodo del 1571 li sbandì. Il qual sinodo approvò il diritto dei magistrati di riprovare l'eresia. Anche l'Alciati e il Biandrata nel 1579 furono esclusi per sempre.

Adunque si comincia col titolo di riforma, e presto si giunge alla rivoluzione. I rivoluzionari impugnano tutto il passato e vogliono stabilir un avvenire, ma tosto sorgono altri, per cui quei primi motori son gente attardata, son retrivi, son tiranni e alla loro volta sono sopravanzati da altri, che non trattano più di riformare ma di abolire, non negano solo il papa, ma Cristo. I primi novatori invocano allora l'autorità dei libri santi, impongono simboli nuovi, dopo aboliti i vecchi. Chi non crede chiamano eretico, e se non basta scomunicarlo il fan passibile di pene temporali. E tutto ciò nel giro di pochi anni.

Non occorre aggiungere che i titoli di anabattista e d'ariano erano regalati a questo o a quello dei riformati per puro pretesto d'ingiuria e scredito, come erano ripicchiati quei di papista e di frate, pascolo troppo consueto dei partiti: chi nutriva rancore con un altro lo tacciava d'eretico e traditore e spione, e il volgo ignorante e dotto credeva, come fa sempre, alle ingiurie generiche. Oltre che ai rifuggiti d'ogni fazione suole mescolarsi una ciurma miserabile e intrigante, che tutte le fazioni disonora e ruina.

CAPO II

Protestanti nei baliaggi Svizzeri — Sono cacciati — Premure dei Cattolici — Concilio di Trento — I Borromei — Impresa del Tettone — Calendario gregoriano.

Questi predicavano adunque ai popoli della Valtellina (sotto tal nome abbraccio anche gli annessi contadi di Bormio e Chiavenna) le nuove dottrine. Sul principio, come suole, aborrite da un popolo cui volevano togliere i suoi santi e le sue reliquie, indi per curiosità ascoltate, poi discusse. E giacché i nuovi teologanti, oltre aver l'avvantaggio di chi attacca, s'erano di proposito addentrati nelle dottrine loro, mentre i più di quei preti erano rozzi delle cose dell'anima ed avvezzi a credere senza tanto esame, molti vennero a seguirli, quali perché vedevano veramente come i protestanti, quali per l'allettamento proprio d'ogni novità, quali perché recatesi a noja le austere discipline, amavano meglio vivere come ne tornava in piacere alla lor carne. Alcuni allora per cieca sommessione, per riverenza servile, per adulazione. Imperocché i signori grigioni, dei quali la parte maggiore si era scossa dall'ubbidienza alla sede romana, non solo diedero alla Valtellina libero esercizio del culto evangelico, ma favorivano chiunque con loro credesse. Era tutt'uno l'abbracciar la riforma ed essere dichiarato uomo delle Tre leghe, aver privilegi, cariche, esenzioni. Né poche famiglie apostatarono: i Lazzaroni, i Besta, i Paravicino Cappelli, i Marlianici, i Malacrida, l'arciprete di Mazzo, i Guarinoni, i Sebregondi, i Piatti ed altri di primo conto, dietro cui, come suole, traeva il popolo imitatore. Se vogliamo aver fede al Magnocavallo(21), di 100.000 abitanti ben 4.000 avevano volte le spalle all'ovile romano.

Né in minor frangente stava la fede nei paesi italiani sottoposti agli Svizzeri. Quanto presto vi entrassero le dottrine d'oltremonti ce ne fa chiari una lettera, che fin dal 15 dicembre del 1526 Baldassare Fontana carmelitano di Locarno dirigeva alle chiese evangeliche della Svizzera "fedeli di Gesù Cristo" perché pensassero al Lazzaro del Vangelo che bramava nutrirsi delle briciole cadute dalla mensa del Signore. E quindi volessero, alle lagrime ed alle supplicazioni sue compiacendo, inviare "le opere del divino Zuinglio, dell'illustre Lutero, dell'ingegnoso Melantone e dell'accurato Ecolampadio" o far ogni loro potere perché "la nostra Lombardia, schiava di Babilonia, acquistasse quella libertà che il Vangelo impartisce". Questo frate era ancora a Locarno nel 1531, donde un'altra lettera scriveva di somigliante tenore. Molti riformati vi erano, o fuggiti dall'Italia, o venuti a posta d'oltremonte come maestri, o giovani che, pel commercio o per l'educazione mandati in Germania, tornavano insegnati delle nuove cose. A Bellinzona abitò sovente Ortensio Landi milanese che disertato dagli Agostiniani, stranamente morse preti e frati in un libro, *de Persecutione Barbarorum*, indi fece tragitto ad ogni sorta di dottrine riprovate che lo fecero porre dal Concilio di Trento fra i condannati in primo grado. Bizzarro ingegno, gran conoscitore degli autori antichi eppure emancipato dalla cieca venerazione per essi. E come dice Giannangelo Odoni, volea Cicerone e Cristo, ma quello nei libri non aveva. Se questo avesse nel cuore, Iddio lo sa.

Non par vero che in quelle podesterie dimorassero Lelio e Fausto Socino a predicarvi le loro credenze avverse alla Trinità. Ma il governo uccise od esiliò molti loro settarii. Un Beccaria che si era eretto a Locarno principal autore degli Evangelici fu dal balio cacciato in prigione, ma una banda dei suoi ne lo trasse, e lo menò in trionfo. Egli giudicò meglio ricoverarsi a Chiavenna, e rimase a capo di quei novatori Taddeo de Dunis medico; e già troppi non andavano più alla chiesa, non ricevevano i sacramenti, e per il battesimo facevano venire un ministro da Chiavenna. Ma poiché i Cantoni signori di quelle podesterie s'attenevano i più alla fede cattolica, ai nemici dei Riformati e ad Emilio Orelli acerbissimo persecutore di quelli non riuscì difficile il persuaderli a nettarne quelle terre.

Già per consenso dei sette Cantoni cattolici(22) il balio di Locarno aveva ingiunto ai Riformati che, pena il bando, andassero alla messa. Ne fecero richiamo i Cantoni evangelici, ma indarno, atteso che vedevano come tali novità fossero per rompere l'unità elvetica. Infine nel 1555 il balio congregò tutti i capi delle famiglie riformate, ch'erano ben 150, ed intimò loro da parte dei signori svizzeri che colle famiglie e coi beni dovessero, senza por tempo in mezzo, abbandonare la patria. Ascoltavano essi nel silenzio il comando, allorché entra fra l'adunanza il Riverda, nunzio pontifizio, esclamando troppo mite la sentenza, doversi toglier loro e i beni come roba di eretici, e i figli che si crescerebbero così alla vera credenza. Ma con ciò il nunzio non ottenne che di mostrare il suo maltalento, giacché il balio non poteva trascendere il suo mandato.

Quelli che si disposero ad obbedire fecero la sommessione. Gli altri il 3 di marzo, seguiti dalle mogli e dai figliuoli, fatto fardello delle robe loro, da una parte colla rassegnazione d'uomini attaccati più alla credenza che alle cose del mondo, ma dall'altra col crepacuore di chi lascia i parenti, gli amici, le abitudini della vita, una patria sempre cara, più cara a chi ne è spinto lontano da una forza prepotente, fra gli stridori della stagione valicarono le nevi del Gottardo in traccia di paesi ove non fosse colpa l'adorare a modo loro. Guidati da un Pestalozzi, da Giovan Luigi Orelli e dal dottore Martino Muralto, entrarono nei Cantoni protestanti e fermatisi i più a Zurigo, vennero con carità accolti e soccorsi. Non cercavano essi che sicurezza e pace: poteva mancare di che vivere a gente volonterosa della fatica, sperta nelle arti? Alle quali drizzatisi, fecero alzare a gran fiore l'arte della seta, stabilirono filature e tintorie, per cui Zurigo venne in grandezza, a scapito delle podesterie italiane. Ancora serba l'antico nome il sobborgo dei Lombardi, ove quelli si posero: le famiglie vi acquistarono ricchezza e nome(23).

Ivi ottennero di formare una chiesa, diretta in prima dal Beccaria, il qual poi tornò fra i Grigioni a Mesocco, diffondendovi le sue dottrine, finché sturbatone da Carlo Borromeo nel 1561, si ritirò a Chiavenna. A Zurigo gli successe nel 1555 Bernardino Ochino, famoso cappuccino da Siena che aveva errato per Germania e per Inghilterra, applaudito e perseguitato. Ivi stesso ebbe cattedra di teologia e d'ebraico Pietro Martire Vermiglio, che già aveva combattuto per la Riforma in Inghilterra e in Francia, in modo che le opere sue eran messe a livello con quelle di Calvino. A quella chiesa italiana appartenne Lelio Socino, che ottenne la stima di Melantone, Bullinger, Calvino, Beza, dissimulando sotto proteste e confessioni la sua avversione alla Trinità; e pare che egli la insinuasse all'Ochino, le cui ultime opere sentono di questo errore, per il quale ebbe guai a Zurigo e ne fu bandito, di 76 anni, con i figli, nel fitto inverno. Respinto da Basilea e da Mülhausen, si nascose in Moravia ove della peste perduti due figliuoli e una figlia, morì nel 1564.

Anche a Basilea molti italiani s'erano ricoverati. Paolo Alessandrino de Colli, padre d'Ippolito, celebre giureconsulto, Guglielmo Grattarola di Bergamo, Alfonso Corrado mantovano, che aveva predicato fra i Grigioni, Silvestro Teglio che tradusse in latino il *Principe* e Francesco Betti cavalier romano, Mino Celsi, Celio Curione, dalle cui molte opere raccogliamo varie particolarità intorno ai riformati italiani.

Altri ebber ricovero a Strasburgo, fra cui Paolo Lazise di Verona, profondo nelle tre lingue dotte e che vi fu professor di greco, Girolamo Massari di Vicenza che vi insegnò medicina e descrisse un processo dell'Inquisizione romana, e sebben non avessero Chiesa, si univano in assemblea particolare, diretta da Girolamo Zanchi che colà professò teologia. Lo Zanchi stesso era stato chiesto ministro a Lione dove molti Italiani stavano, e dove stamparono libri loro; ma egli preferì passare a Chiavenna. Rifiutò pure gl'inviti della chiesa italiana d'Anversa nel 1580, alla quale andò il conte Ulisse Martinengo, dopo rimasto alcun tempo in Valtellina. Altre chiese avevano i nostri a Ginevra e Londra.

Alla causa dei cattolici, più che il venir dei nemici, noceva l'addormentarsi delle sentinelle d'Israele. Anziché levarsi al sacerdozio i più probi e sapienti, ogni genìa vi trovava asilo, ogni ignorante, molti malvissuti vi si ricoveravano per avere agio, sicurezza ed ozio. L'essere il clero immune dal Foro secolare lo rendeva baldanzoso col venderli simulatamente agli ecclesiastici, o col legarli a nome di benefizio, si sottraevano i fondi alle gravezze. Se in una famiglia vi fosse un prete, a qualunque richiamo compariva lui. Se in un delitto fosse implicato un prete, si invocavano i privilegi del Foro. I preti intanto andavano attorno carichi d'armi, volevano cacciare nei tempi proibiti (era dalle calende di marzo a quelle di luglio). Con astuzie si causavano dalle taglie(24). Peggiori cose ebbi ad imparare dagli atti delle visite degli ordinarii di Como e di Milano. Oltre che i più fra i sacerdoti appajono ignoranti a segno, da saper a mala pena segnare il proprio nome, intendevano a turpi guadagni, tenevano senza pudore in casa le complici ed i frutti dei loro peccati(25). E taccio le violenze, le ire, le troppe più cose ch'io so, e che facevano correre in proverbio non esservi modo più facile di dannarsi che l'andar prete(26). Non erano così rari quelli che, per i bisogni delle plebi, avevano facoltà di celebrare due messe la festa: ma molti se la usurpavano per guadagno. Ebbi a mano una relazione dell'arciprete di Tresivio al vescovo, dove si lagna che i preti di Valtellina portano barbe a foggia di Turchi, "usano collari alle camicie rotondi e crespi alla bresciana, le sottane con collari pure rotondi cascanti sul collo, maniche scavezze e folte di bottoni, e veste quale portano gli sbardellati Bresciani". Ben i vescovi comaschi gridavano, senza cessare, perché si osservassero le feste, i sacerdoti smettessero gli abiti sfarzosi, le armi offensive, non bazzicassero l'osteria, non ricettassero malviventi, non donne di mal affare. Il vescovo Volpi interdice di vendere alla festa confortini né odori, il fare spettacoli di saltimbanchi, ed il sedere in chiesa: i preti non portino calze sparate e larghe, non camicie colle crespe e le lattughe, non il cappello in città o nei borghi, se pur non fosse per ripararsi dall'intemperie. Si astengano dai guanti, non barbe troppo lunghe, non armi, eccetto un coltello in viaggio. Il vescovo Archinti si lagna che troppe parrocchie rimangano sprovvedute di parrochi perché date in commenda a cardinali, i quali in Roma ne godevano, senza cura, le entrate. E che i preti della Valtellina rechino scandalo agli eretici, singolarmente per l'ignoranza, l'andare armati, la lussuria e l'imperizia dell'ecclesiastica disciplina in quella esecranda libertà di vivere, e di dire quanto meglio piace a ciascuno. Era poi piuttosto unico che raro quel parroco che talvolta spiegasse il Vangelo o la dottrina ai suoi: e la predicazione era abbandonata ai frati, singolarmente ai mendicanti, indipendenti dal vescovo, e spesso più desiderosi dell'applauso che del frutto, o del frutto della bisaccia che di quel delle anime. Recando adunque non rimedio ma danno quelli che dovevano opporsi, non sarà meraviglia se la Riforma più sempre acquistava.

I Cattolici però s'ingegnavano assai per tutela dell'antica credenza. Ai vescovi di Como non molto restava a fare, giacché i Grigioni, sospettosi sempre di qualche trama, ne avevano angustiata l'autorità, vietando il ricorrere ai superiori ecclesiastici, escludendo ogni sacerdote estero, nel qual titolo comprendevano anche gli Ordinarii. Se non che fatto vescovo Feliciano Ninguarda nativo di Morbegno, mancò ogni ragione di tenergli la porta della valle, onde la visitò ad agio suo. Nei sinodi poi e nelle lettere circolari non cessavano essi vescovi di esortare i Valtellinesi a durare fermi nella fede, aprir bene gli occhi su chi viene d'oltremonte, massimamente soldati a quartiere od a guarnigione. Ne esplorino i fatti e se alcun che ne scoprano, diano indizio all'Ordinario se non vogliono cadere in un peccato riservato. Anche ogni maestro era obbligato a prestare giuramento di fede in mano del vescovo.

E poiché ogni potere minacciato diviene violento, neppur le vie del rigore furono intentate e la Chiesa sgomentata chiamò in ajuto il braccio secolare, agli orrori della superstizione e dell'impostura opponendo gli orrori dei roghi. Basti, per non esser lunghi, citare Francesco Gamba di Como, che essendosi condotto a Ginevra a celebrar la cena cogli Evangelici, mentre tornava in patria fu còlto e (ciò fu il 21 luglio 1554) strangolato, poi gettato al fuoco. Neppure in morte aveva voluto ricredersi, ed affinché favellando non recasse scandalo al popolo accorso al suo supplizio gli venne forata la lingua. Anche Galeazzo Trezzi, gentiluomo lodigiano convertito dal Mainardi e dal Curione, fu nel 1551 condannato dall'Inquisizione al fuoco. Il duca d'Alba, la cui memoria risveglia quella dei supplizii e delle stragi dei Paesi Bassi, venuto governatore del Milanese raddoppiò i rigori e nel 1558 furono bruciati un religioso e un altro, e così negli anni seguenti.

Le declamazioni dei dissidenti e l'antipatia rimastale come a nemica del progresso indicano che a capo della opposizione stava Casa d'Austria, adoperando ingegno, forza, brighe, danaro; quel danaro austriaco che si trova denunziato in antiche e moderne diatribe. Si era ella vivissimamente industriata per introdurre la *spaventosa* inquisizione spagnuola invece della *mansueta* romana nel Milanese, che "ridotto in miseria per l'eccessive gravezze, si sarebbe disciolto affatto con quella che superava tutte". Ma due volte che si tentò sotto Filippo II ed il III stabilirla in Milano, si levò a ribellione il popolo *per la formidabile severità di cotal tribunale* onde fu consiglio di prudenza lasciarla nel primiero stato.

Un gran tempo però e Cattolici e Riformati appellavano all'autorità d'un concilio generale, che discutesse ampiamente e liberamente sui dogmi della fede. Solo era in contesa il luogo, volendolo i Protestanti in una città libera, per condursi alla quale non avessero d'uopo di salvocondotti, ai quali aveva tolto fede il concilio di Costanza col porre alle fiamme Giovanni Hus(27).

Ma Paolo III l'aveva decretato in Trento e avendo i dissidenti ricusato intervenirvi e impugnatane l'autorità, dopo infinite lungagne, fu aperto, poi chiuso, poi trasferito con replicata vicenda, sinché a Pio IV riuscì di mandarlo a fine. Non è qui luogo di dire quanto quel venerabile consesso abbia giovato alla religione riguardo al dogma, e col separare del tutto quelle opinioni a conciliare le quali si presumeva convocato. Certo è che quanto alla disciplina aperse un'epoca nuova. Rese al clero cattolico il vigore perduto; richiamò i costumi, sagrificati da prima ai piaceri e agli interessi; procurò nell'opinione dei popoli rialzare gli ecclesiastici al grado dond'erano scaduti e fece che la corte romana, animata da zelo e dal vero sentimento della religione, non porgesse più che santi esempi.

Secondo la mente di quel Concilio, monsignor Bonomi vescovo di Vercelli fu delegato a visitare la diocesi comasca. Entrò in Valtellina, mandando voce di recarsi a titolo di salute ai bagni di Bormio. Ma poiché si diede ad esercitarvi l'uffizio suo, i Grigioni mandarono intimandogli che, se veramente intendeva venire a cercare sanità, fosse il ben arrivato. Non patirebbero però mai sottofini, e dove non giovasse l'avviso sarebbero presti ad imprigionarlo, trattandolo non altrimenti che il suo papa trattava i loro ministri. Queste minacce, cui facevano viso di voler dare corpo, atterrirono il Bonomi, che con poco frutto se n'andò. Ma negli ordini da lui dettati alla diocesi di Como impose che i parroci (oltre il giovedì santo colla bolla in *Coena Domini*) leggessero due volte l'anno, nei giorni di maggior frequenza, un editto che obbligava a denunziare all'Inquisizione entro quindici giorni ogni eretico, o chi mostrasse fuorviare dalla credenza comune, o tenesse libri proscritti. Ogni settimana il vescovo si affiatasse coll'inquisitore e con certi teologi e canonisti per giudicare degli eretici e dei sospetti.

Pio V papa tentò gran maneggi fra i Grigioni per favorire i Cattolici e impedire le apostasie crescenti in Valtellina, ma senz'altro ritrarne che la morte di Giovanni Planta signore di Retzuns, uomo pien d'ogni lode e caloroso protettore della causa romana. Contro questo papa un odio particolare avevano concepito i Grigioni fin da quando, essendo col nome di frà Michele Ghislieri inquisitore della diocesi di Como, si era con forza adoperato contro i novatori. Una volta, avuto spia che a Poschiavo si erano impressi libri pieni delle nuove massime destinati all'Italia e che alcune balle n'erano state spedite ad un negoziante di Como, frà Michele le sequestrò. Il mercante ebbe ricorso al capitolo del duomo, che in sede vacante presedeva al Foro ecclesiastico, ma invano s'interposero i canonici per la restituzione, benché spalleggiati dal governatore Gonzaga. Del che piccati, sparsero per la città contro l'inquisitore male voci, cresciute a tanto che, preso dalla plebaglia a villanie ed a peggio, ebbe pel il migliore partito il ritirarsi. E si recò a Roma, ove la congregazione dei cardinali decise in suo favore e citò innanzi a sé il vicario e quattro canonici come eretici, che ebbero a far e dire a scamparsela(28). Egli medesimo essendo a Morbegno, aveva istituito processo contro Tomaso Planta vescovo di Coira per sospette opinioni, senza né citarlo, né nominare i testimoni: procedura solita all'inquisizione, ma contraria agli ordinamenti dei Grigioni. I quali, dando facile ascolto ai richiami del vescovo, fecero dal podestà di Morbegno vietare a frà Michele di procedere più oltre contro chi che fosse in Valtellina, se non previa licenza dei signori Reti. Dovette egli, allora tanto, piegare il capo; ma spinto poi dal suo zelo rinnovò i processi, onde a poco si tenne che il popolo non gli mettesse le mani alla vita. Divenuto poi pontefice, e saputo che Francesco Cellario già frate poi ministro protestante in Morbegno, non là solo, ma fino a Mantova(29) diffondeva le sue dottrine, lo fece cogliere di sorpresa, e tradurre al sant'uffizio di Roma, che lo cacciò dal mondo. Non era egli dunque il soggetto meglio opportuno ad acquetare i Grigioni, che studiavano anzi rendergli secondo avevano ricevuto.

Chi meglio d'ogni altro operò fu Carlo Borromeo, cardinale arcivescovo di Milano. Capace di riuscire a qualunque, arduo per la forza della volontà, una grande ricchezza, i vantaggi d'una condizione privilegiata, la gioventù, le aderenze, l'autorità della virtù e l'intima persuasione della causa che sosteneva, stabilì, finché l'anima gli bastasse, opporsi al lacrimabile incendio quand'era più vivo. Spinto per sua principal cura a fine il sinodo di Trento, tutto fu in

rinnovellare la propria Chiesa: viaggiò, e veduto che l'ignoranza del
clero era cagion prima dei progressi della Riforma, e che i più erano
privi d'ogni sorta di lettere nelle terre soggette a signoria svizzera,
stabilì in Milano il collegio elvetico, ove dovessero allevarsi per Dio
operai apostolici e difensori della fede(30). Mandò missionari, e
singolarmente oblati da lui istituiti, e Gesuiti, nati poc'anzi per
opera d'Ignazio da Lojola; e tanto fece che i sette Cantoni cattolici
giurarono la così detta Lega d'oro o Borromea e concessero che un
nunzio papale rimanesse di piè fermo nella Svizzera. Non è mestieri
vi dica a quanto dispetto dei Cantoni riformati, che si vedevano
piantato nel cuore un nemico attento ed operoso. Ma del Borromeo
il principal desiderio, dice il Bescapé, "era volto alla Valtellina, sì per
la vicinanza che essa ha con noi sì per gli ingegni svegliati di quei
popoli, non pure all'erudizione adatti, ma alla probità altresì pro-
clivi, che soleva esso Carlo non mediocremente lodare". Procurò
dunque stabilirvi i Gesuiti che, sostenuti da Antonio Quadrio medico di Ferdinando d'Austria, si posero a Ponte, guidati dal padre
Bobadilla, tanto celebre nella storia della celebre compagnia. I Grigioni li sbandirono come forestieri, ond'essi vennero a collocarsi a
Como.

Trovandosi poi il cardinale, nel 1580, in Valcamonica per second-
are le istanze del vescovo Volpi, passò pei Zapelli d'Aprica(31) in
Valtellina, sotto apparenza di un pellegrinaggio alla Madonna di
Tirano, tempio sontuoso per edifizio e celebre per devozione, ove,
malgrado del divieto, il giorno di sant'Agostino fu ricevuto con
solennità di rito, non meno che d'affetto, anche dai Protestanti. Sigismondo Foliani, bormiese, gli recitò un'orazione in cui (come
solevano tutti allora e molti adesso) non dice che parole(32). Egli
poi, il cardinale, edificò la concorsa folla coll'esempio, collo speciale
studio di carità e di prudenza, e con un discorso animato da quella
fede che vince ogni errore e dall'eloquenza di chi parla dalla pienez-
za del cuore. Aveva egli saputo ottenere che i Cantoni cattolici
mandassero una delegazione a proteggere gli affari degli ortodossi
valtellinesi alla Dieta dei Grigioni, ma non ne avanzò gran fatto.
Volle anche visitare le terre poste attorno al Lario ed al Ceresio,
come bisognevoli assai di ajuto; e a Como, avuto colloquio col
vescovo sul bene della Chiesa, passò per Menaggio a Porlezza e
nella Cavargna, valle selvatica che s'interna da quella di Menaggio

ed i cui abitatori rompevano ad ogni delitto, sì di violenza, sì d'astuzia(33).

Così conciliando paci e rammendando i costumi, passò nelle tre valli di rito ambrosiano, poi a Gnoasca, a Giornico(34), a Lugano e di nuovo, pel Ceresio, a Menaggio ed alla Valsassina.

Fattosi poi, nel 1582, a Roma, n'ebbe il titolo di visitatore pei paesi svizzeri e grigioni anche sottoposti all'Ordinario di Como. Non fu autorità a cui non avesse ricorso per ajuto in questa legazione: ai re di Spagna e d'Inghilterra, a Rodolfo imperatore, ai Cantoni cattolici al vescovo di Coira, al duca di Savoia, anche ai Veneziani. Scrivendo egli al Castelli vescovo di Rimini, legato pontifizio in Francia, perché intercedesse presso Enrico re sicurezza e libertà a lui ed ai preti. "Fa però, gli diceva, che i Grigioni non sentano che io vada a loro legato del papa: questo solo nome ogni cosa perderebbe. Si dica un privato mio viaggio, col qual titolo, senza scemare il frutto, consolerò quei popoli. Ben i cattolici mi desiderano, e gli eretici stessi mi mostrano qualche deferenza ed amore: onde nutro speranza non mi si pongano impedimenti: solo ho paura che i profughi dall'Italia non mi guastino tutto. Sono essi sentina di vizii, né solo eretici, ma molti apostati, e del resto facinorosi e perduti che appena udranno trattarsi di sostenere la religione cattolica e vedranno maturare le prime felici sementi, temendo d'essere sterminati, daranno in furore, metteranno fuoco nei capi per ritardarmi o togliermi ogni buon effetto... Quindi principalmente sarebbe a curare che dall'intollerabile giogo degli eretici venissero sollevati i cattolici di qua dalle Alpi. Poiché, quando sortiscono le magistrature gli eretici, se anche non facciano aperta violenza ai cattolici, pure si mostrano intenti a svellere la religione. Poiché e danno pessimi esempi come scellerati ministri del diavolo, e non lasciano la libertà di cercare o ritenere probi e religiosi sacerdoti, che avviino sul calle della salute. Sendo vietato agli esteri, tuttoché ottimi, di andar colà, mentre hanno podestà di rimanervi empii e perduti uomini. Laonde, poiché il re può tanto presso i Reti, gioverebbe che, senza far mostra d'essere da me officiato, vi s'adoprasse. E tu potresti mettere in mente ad Enrico uno scrupolo che pungesse e lui ed i Grigioni: mostrare cioè il male che ne potrebbe uscire, se tanti, oppressi dalle calamità e stancati, come può avvenire, dal giogo, macchinassero alcuna cosa e si ribellassero".

Con Francesco Panigarola francescano(35) e col gesuita Achille Gagliardo, riassunta la visita, fu di nuovo a Lugano, poi a Tesserete, consolato dalla pietà di quei popoli, ove, di cinquecento confessati, neppur uno si trovò in colpa mortale(36): per Bellinzona si condusse a Rovereto, nella Mesolcina, valle italiana sommessa ai Grigioni, ove scoprì moltissime streghe. Istituitone processo, di queste ben 130 abiurarono: quelle che non vollero confessarsi in colpa, furono condannate, e prima quattro, poi altrettante, poi tre, indi più altre, vennero arse, e fin il prevosto di quel paese, Domenico Quattrino, che da undici testimonii era stato visto nella tregenda coi demonii menar danze oscene in paramenti da messa, e recando il santo crisma. Un tal padre Carlo, sotto gli 8 dicembre 1583, descriveva al suo superiore il supplizio di alcune fra queste. "In un vasto campo, costrutto un rogo, ciascuna delle malefiche fu, sopra una tavola, dal carnefice distesa e legata, poi messa boccone sulla catasta, ai lati della quale fu appiccato fuoco: e tanto ferveva l'incendio, che in poco d'ora apparvero le membra consunte, le ossa incenerite. Dopo che il manigoldo le ebbe avvinte alla tavola, ciascuna riconfessò i suoi peccati, ed io le assolsi. Lo Stoppano poi (quel desso che menzionammo pochi versi sopra) e due altri sacerdoti le confortavano in morte, e le affidavano del divino perdono... Io non basto a spiegare con qual intimo cordoglio, e quanto di pronto animo abbiano incontrato il castigo. Avanti condotte al supplizio, confessate e comunicate, protestavano ricevere tutto dalla mano di Quel lassù, in pena dei loro traviamenti; e con sicuri indizii di contrizione offrivano il corpo e l'anima al Signore del tutto. Brulicava la pianura di una turba infinita, stivata, intenerita a lacrime, gridante a gran voce: Gesù; e le stesse miserabili poste sul rogo, fra il crepitar delle fiamme, udivansi replicare quel santissimo nome e, pegno di salute, avevano al collo il santo rosario... Questo io volli che la tua riverenza sapesse, perché potesse ringraziare Iddio, e lodarlo per li preziosi manipoli da questa messe raccolti".

Fin qui egli: sarebbero gettate le parole ch'io aggiungessi, per mostrar come i deliri del secolo prendessero anche anime illuminate e pie.

In quella valle, san Carlo trovò abbondare scolari del Vergerio e di Pietro Martire Vermiglio ed esservi (scriveva al cardinale Sabello) il nome di cattolici, non i costumi, né la credenza. V'avevano tenuto casa i novatori Frontano e Canossa. Poc'anzi v'era morto Lodovico Besozio, scolaro del Frontano(37) migliore del maestro: era frequentissimo il contatto colla val di Reno, tutta già calvinista. Singolarmente vi si segnalavano, per odio ai Cattolici, Francesco Luino, che da trent'anni era colà, un figlio del Frontano e due o tre altri le cui mogli *sono veri mostri d'inferno*. Stava a capo delle cose sacre un frate, disertore dell'ordine e della religione che seco traeva una femminaccia e quattro suoi figliuoli: poco di meglio erano gli altri preti. Borromeo coll'amorevolezza, coll'inquisizione, col pregare, coll'insegnare, col largheggiare, si conciliò gli animi: e Dio ne prosperava le fatiche in pro delle anime, con fatti d'ammirabile riuscimento. Si mise poi per la val Calanca, ove conobbe cinquanta famiglie cadute in eresia e ventidue maliarde. Era sua mente drizzarsi a Coira indi, nel ritorno, visitare Chiavenna e la Valtellina. Ma, saputo che la sua comparsa non sarebbe sentita bene, dovette voltare a Bellinzona, dove trovò folta ignoranza delle cose di Dio, ed un vivere non punto meglio del credere: matrimoni incestuosi, usure smodate, conculcati i diritti del clero, sacerdoti simoniaci e viventi in pubblica disonestà. Ho letto varie delle omelìe ivi da lui recitate, onde può trarsi argomento e dello stato di quel paese, e dello zelo che il santo vi adoprò, dimorandovi sino al 15 dicembre, ove eresse anche una prebenda per mantenere un maestro, lasciò un catechismo compilato apposta dal gesuita Adorno, ridusse a compimento il collegio d'Ascona. Aveva pure intenzione di aprire un seminario a Locarno, che a grande bisogno sarebbe tornato per regolare quel paese nel credere e riformarlo nel vivere.

Mandò anche Bernardino Mora al *Beytag* dei Grigioni per impetrare licenza di visitar la Valtellina ed il Chiavennasco, ma gli facevano impaccio i predicanti, che andavano spargendo sospetti sul suo conto. Lui, infine, esser nipote di quel Giangiacomo Medeghino il cui nome, dopo le acerbe guerre loro recate sul lago e in Valtellina, era tra i Reti rimasto terribile come la campana a martello. Vedessero quanto aveva operato in Val Mesolcina, dove non prima pose piede, che collocatosi in luogo forte stabilì un inquisitore e fece ogni suo talento: assai tornerebbe sospetta ai loro alleati Francesi la venuta del cardinale tutto ligio alla Spagna. E questi sussurri trovarono fede, onde, non che escluderlo, i predicanti commossero quei della val Pregalia a dare addosso ai missionari da lui mandati e metterli a processo(38). Fin tra le cure che gli ponevano assedio negli ultimi suoi giorni, il Borromeo s'occupava d'ottenere, se non pace, almeno tregua ai Cattolici: e teneva corrispondenza con re Filippo d'affari sì intimi che non si affidavano alle carte, ma si comunicavano a voce col Terranova, allora governatore del Milanese.

Quando il fuoco è dentro, bisogna venga fuori il fumo: e il Borromeo veniva rapportato ai Grigioni di aver intesa cogli Spagnuoli per tornare ad essi la Valtellina. E per verità i duchi di Milano non ebbero mai deposta tale speranza, né per rata l'occupazione di quella importante valle e la cessione fattane per viva forza. Si sanno le opere, ed aperte e di sottomano, ai tempi di Giangiacomo Medeghino. Carlo V poi, aggiunta la ducea milanese agli immensi domini suoi, più ne prese gola, ben avvisando quanto rileverebbe l'avere libera comunicazione per quella parte fra gli Stati suoi di Germania e quelli d'Italia. Ne aveva anzi passato ordini a don Ferrante Gonzaga governatore, che ruminò quell'idea anche sotto Filippo II, menando per ciò segreto intrigo col vescovo Vergerio, sebbene gli tornasse indarno il suo intendimento.

Nei giorni poi del Borromeo, un tal Rinaldo Tettone, mercante milanese al quale era avvenuto sì male della mercanzia che diede fondo ad ogni suo avere, si era messo a capo di *Farabutti*, bravacci pari suoi, che rubando e furfantando vivevano. Da piccoli tentativi incoraggiato a maggiori, fermò d'entrare in Valtellina, e porla a preda. Infatuato del qual desiderio, acciarpò truffatori e bagaglioni e quanti fossero da tal servigio: e chi vorrà credere che di tutto ciò non scoppiasse veruno indizio ai magistrati di Lombardia? Chi conosca l'ambidestra politica spagnuola, più presto inclinerà a pensare che il governatore Terranova, senza dargli apertamente favore, l'aiutasse però sott'acqua, od almeno stesse a vedere a che il Tettone riuscisse: andava a male? Niuno potrebbe imputargliene colpa: accadeva a disegno? Getterebbe la maschera. Ed avendo, come si suol dire, tratto di buca il granchio colla mano altrui, coglierebbe il destro di ricuperare la valle al suo padrone.

Fatto è che il Tettone, raccozzata una canaglia valente in parole e ch'egli chiamava esercito, parte ne inviò per la banda di Lecco. Cogli altri volse a Como, ove chiese d'entrare nella città, alloggio e foraggi, vantandosi capitano generale per risciacquare la Valtellina dai miscredenti. Ma non sottigliò la sua malizia tanto che arrivasse a trovar fede a quell'apparenza. Ed il Paravicino, governatore di Como, non gradendo tali rodomontate stette saldo sul niego: anzi, accingendosi il Tettone a mettere le finte parole in veri fatti, il governatore armò i cittadini e con furia li liberò addosso a coloro, che dopo sprovveduta e breve scaramuccia, quali andarono sbandati, quali furono presi e mandati all'ultimo supplizio.

Ita al vento l'impresa, il governatore, come chi getta il sasso e nasconde il braccio, se ne fece nuovo affatto, ed il Tettone, che forse diventava un marchese e meglio, fu cacciato in bando. Dove facendo del savio e dell'importante, andava spacciando avere in tal impresa a sostegno il cardinale Borromeo, amico, diceva egli, e parente suo; favorirlo nella valle grandi personaggi, e li nominava un per uno. Questi vanti erano portati colle usate frangie ai Grigioni, i quali, fattone un capo grosso che mai il maggiore, molta gente inquisirono, senza però scoprire alcuno in colpa: e il cardinale tennero in memoria d'uomo fazioso e brigante.

Era questi morto l'anno avanti; e noi siamo alieni dal supporre al sant'uomo facinorosi consigli. Scrivendogli lo Speciano temere che i Valtellinesi non rompessero in aperta ribellione, e si gettassero in braccio a re Filippo, il Borromeo gli rispose che stava mallevadore della regia volontà. E quand'anche i Reti cisalpini si ponessero a dominio del re cattolico, si incaricava di ritornarli ai Grigioni. Questo però già ne lascia intendere ch'egli avesse qualche sentore delle macchinazioni. Ed abbia suo luogo la verità, tutti i contemporanei e il Ripamonti ed il Ballarino fanno testimonianza che la Spagna ed il Borromeo assecondassero l'impresa(39). Tutti poi i fautori del cattolicismo avevano gran protezione nella casa d'Austria: quando i Grigioni uccisero il Planta, Corrado, figlio di questo, si ricoverò al Borromeo, che sel tenne ben due anni con altri di sua parte, al giusto fine di formare un buon cattolico; ma la cosa non poteva non dare ombra ai Reti. Altre lettere poi di san Carlo, che si leggono manoscritte nell'Ambrosiana, tolgono ogni dubbio che a Milano non si conoscessero tali movimenti. Fin dal 1583 i Valtellinesi avevano richiesto il Terranova di 400 uomini, che, uniti ai terrazzani, basterebbero, sono le proprie parole di Borromeo, *per levarsi in un tratto da quella obbedienza, e serrare i passi ai Grigioni, che volessero passare di qua dai monti*. Il re aveva risposto si desse loro quell'aiuto, ma i ministri erano soprasseduti fin allora *per vedere l'esito del negozio della lega*; svanito il quale, tenterebbero questo: *ed ho speranza in Dio*, continua il santo, *che in pochi anni si farà tanto frutto in quella valle e nei paesi tutti di qua dai monti, che si smorberà quella eretica peste.*(40) E nei trattati che il santo menò a favore dei Cattolici coll'ambasciatore di Francia presso gli Svizzeri, e coi Cantoni cattolici, si mostra persuaso che pericolasse qualche non lieve disastro: sicché voleva tenersi nei contorni della Svizzera per accorrere pronto ad ogni moto di guerra. Dichiara però di ingerirsi il meno che può "né tenere per ajutare que' popoli altra via che la spirituale".

Non meno attento a salvar la Lombardia dalla contagione fu il cardinale Federigo Borromeo: il quale perfino, allorquando dovevano alcuni soldati svizzeri e grigioni attraversare la valle San Martino ed altre terre bergamasche di diocesi milanese e di giurisdizione veneta, pronunziò scomunicato chiunque conversasse, o, ch'è tampoco, albergasse quegli eretici; esagerata provisione, alla quale la serenissima repubblica veneta impedì fosse dato corso. Senza più altro aggiungere, basti il già detto a scusare i Grigioni se dal paese davano divieto ai preti e frati forestieri, specialmente ai Cappuccini, come orditori di cose nuove. Quanto alle indulgenze ed ai giubilei, si bandissero pure, ma o tacessero quelle parole *pro extirpatione haereseon*, o i preti dichiarassero che sotto il nome di eretici non s'intendevano i Riformati: altrimenti era iniquo che i sudditi pregassero contro i loro padroni.

Tanto erano da ciò esacerbati gli animi, che qualunque cosa venisse dai Riformati era sospetta ai Cattolici: qualunque cosa procedesse dal vescovo o da Roma, si rifiutava dagli Evangelici, per buona che fosse, d'ogni vin dolce facendo un aceto arrabbiato. E mi faccia testimonio la riforma del calendario. Il concilio Niceno nel 325 aveva adottato, pel calcolo della Pasqua, il calendario di Giulio Cesare, che suppone l'anno di giorni 365 ed ore 6 appunto, e che 19 anni solari equivalgano a 235 lunazioni; ondechè aveva ordinato che l'equinozio di primavera cadesse al 21 di marzo. Ma non essendo precisa quella determinazione, l'equinozio si era portato agli 11 di marzo, e le lune nuove anticipavano di quattro giorni. Di ciò menavano rumore uomini di gran vaglia, Ticone, Scaligero, Chambers, Calvisio, altri, sicché in fine Gregorio XIII, principalmente coll'opera di Luigi Lelio calabrese, riformò il calendario: furono sottratti e messi in nulla i dieci giorni che dovevano correre dai 4 perfino ai 15 ottobre del 1582, ordinato che solo ogni quattrocento anni si facesse bisestile l'ultimo anno del secolo, e la bolla del marzo 1583 ingiunse che i conti dei giorni andassero a tal maniera(41).

Or credereste? Ai tanti altri motivi di dissidio, un nuovo ne aggiunse questo calendario gregoriano, ed i Riformati nati a rifiutarlo, anche trovandolo buono, solo perché veniva da Roma, ed i Cattolici a volerlo, senza forse conoscerlo, sol perché quelli lo ricusavano, tanto è cieca ed assurda la nimicizia che agita le parti. Mi par di vedere alcuno sogghignare alla leggiera cagione di tante discordie, alle dimostrazioni impotenti e assurde; ma deh non voglia ridere d'altri il secolo nostro, che non ha ancor rasciutto il sangue versato per altri sogni, per altre follie. Ogni età ha le sue.

CAPO III

Corruzione dei Grigioni — Forte di Fuentes costrutto — Mal governo della
Valtellina — Ingiurie alla religione repulsate dai Cattolici — Nicolò
Rusca è tratto al tribunale e morto — Ruina di Piuro.

Come sperar bene alla Valtellina quando i suoi dominatori erano all'ultimo della corruzione? La religione li divideva, li divideva la politica: cedevano a seduzioni, a lusinghe. I prìncipi vi tenevano ambasciatori quando apertamente quando velati, che con donativi, pensioni, croci d'onore facevano che uno favorisse a Francia, uno a Spagna, uno a Venezia: tutti dimenticassero la patria. Due fazioni singolarmente ponevano a scompiglio la Rezia: una venduta a Spagna ed ai Cattolici, l'altra a Francia, ed agli Evangelici. Capi di quella Rodolfo Pianta, di questa Ercole Salis, le due famiglie primarie dello Stato.

Il grosso dei Grigioni però essendosi sottratto al dominio austriaco, ed avendo abbracciato il calvinismo, aveva in uggia l'Austria e la Spagna, e dei Francesi l'amicizia guardava come primo fondamento di libertà e potenza. Prevalendo i Salis, venne rinnovata con Enrico IV una lega di offesa e difesa, nella quale non si faceva eccezione veruna a favore del Milanese. Con questo ducato avevano i Grigioni accordato una convenzione di buona vicinanza, per cui il commercio andrebbe senza verun impedimento, non concederebbero essi il passo ad esercito che venisse contro il Milanese: in compenso dovesse il transito delle merci volgersi pel paese delle leghe(42).

All'udire dunque della nuova convenzione coi Francesi, gran lamento alzò il conte di Fuentes, il più memorabile fra i governatori spagnuoli di Milano, che nel cuor della pace tenne sempre un numerosissimo esercito, pauroso ai vicini, sgradito anche al suo padrone, al quale voleva mostrarsi necessario col fingere pericoli o farli anche nascere, e intanto esercitava tutte le prepotenze d'un governo militare.

Con umore siffatto doveva esser poco disposto a inghiottire il torto, e mandò minacciando ai Grigioni di trattarli come nemici. Questi, non che mostrar paura, si collegarono anzi con Venezia, come quella che non perseguitava i riformatori, siccome le altre potenze, ma ostava al papa, e comportava una mezzana libertà di coscienza(43). Ne dispiacque non meno alla Francia che alla Spagna, quella perché Enrico ambiva maneggiar egli solo i Reti e che i Veneziani dovessero ricorrere a lui qualvolta bisognassero di gente armata, questa perché si trovava allontanata dalla speranza di legarsi i Grigioni, e di sottoporre tutta Italia, potendo aver ostacolo nei Veneziani. A nulla approdando colle parole, il governatore sdegnato pose mano a fabbricare un fortalizio, detto dal suo nome(44) sul colle di Montecchio al primo entrare della Valtellina ove, dominando gli sbocchi di Chiavenna, il lago e la valle, teneva questa in soggezione e poteva, quando riavesse talento, impedire alla Rezia i viveri ed il commercio. Stante però che il duca Francesco II Sforza aveva stipulato coi Grigioni non si porrebbe veruna fortificazione in quel giro, questi levarono querele, e procurarono anche impegnare in esse i loro alleati: ma nessuno si mosse, del che furono, se non con verità almeno con accortezza, accagionati i dobloni spagnuoli. E il Fuentes continuò, finì, intercise il commercio col Milanese e ponendo genti e navi alle Trepievi (così chiamano i paesi posti all'estremo del lago di Como), confermò la voce che Spagna volesse ricuperare la Valtellina.

Queste pratiche, anzichè ravvivare, davano l'ultimo tuffo alla Valtellina. Vi si crebbero le guarnigioni a carico del paese. Ogni ombra pigliava corpo: i signori grigioni, ingordi d'aversi intorno timidi soggetti anziché buoni amici, potevano quanto ardivano, ed ardivano quanto volevano, sostenuti com'erano dai novatori. I quali, come interviene allorché il debole vuole ad ogni costo ajutarsi sopra il contrario, mirando unicamente all'utile proprio, vedevano bene che i loro religionarj crescessero in autorità. Quindi coloro che erano venuti come alleati, disponevano come donni e padroni, principalmente da che ebbero a sé arrogata la nomina degli ufficiali. Allora mandare a magistrato uomini di più che bassa mano, soperchiatori perché persuasi di meritare il pubblico disprezzo, non guardare nelle cariche a merito, ma a chi più ne dava, schiudere d'ogni preminenza i buoni, conculcare i diritti e lo statuto, corrotte le sindacature, nelle cause civili trovati lacciuoli a dovizia per costringere le parti a dividere l'avere con giudici ingordi, franco il peccare, il benfare spesse volte ruina. Si addormentavano sugli interessi della patria i tristi, quelli io dico, cui piaceva fare il lor talento, e da poveri venuti ricchi, da abjetti tremendi, usurpare i beni delle chiese, per ispalle d'amici e per danaro scontare delitti, leccare i superiori per mordere i soggetti. I buoni che osavano alzar la voce, erano perseguitati sotto quella maschera d'oltraggio e di sangue che si chiama ragione di stato.

Le cose della religione poi erano tornate a peggio che mai per l'addietro non fossero. Ogni giorno nuovi editti, che pretendendo parole di libertà religiosa vietavano le indulgenze, tacciavano di superstizioso il culto del paese, cassavano le dispense, berteggiavano i decreti papali. Negli statuti di Valtellina, stampati il 1549, furono intrusi alcuni a favore dei Riformati. Nel 1585 trovandosi unite a Chiavenna le insegne dei Grigioni, conchiusero di nuovo intera libertà di religione; lo che, ed allora ed altre volte poi, significò persecuzione della cattolica. Eccedeva dunque il governo, eccedevano i magistrati cacciando i Gesuiti e cassando le donazioni lor fatte, processando i miracoli di san Luigi, proibendo la pubblicazione dei giubilei ed eccitando quistioni di giurisdizione, solito appiglio, eccedevano i predicanti contro i monumenti dell'avito culto, opera empia agli occhi dei Cattolici, impolitica agli occhi di tutti. Più eccedeva la ciurma e l'astinenza delle carni in quaresima(45), rubando ostensori e spargendo le particole, sfregiando tabernacoli, facendo smacchi ai sacerdoti nelle processioni del Sacramento, ed in quei devoti riti della settimana santa, che uom non può vedere senza sentirsi fin nell'intimo dell'animo commosso ad una patetica devozione.

Né si creda che noi caviamo queste fosche dipinture dai soli Valtellinesi. Pascal ambasciatore francese, in una sua relazione, chiamava il governo grigio "esecrabile tirannia, che sovra il capo e le fortune dei buoni incrudelisce". Il Bottero verso il 1590 scrive: "In Valtellina i Cattolici sono fuor di modo straziati dai Grigioni, che puniscono con varj pretesti i preti e quei che si convertono, forzano i curati a celebrare matrimonj in gradi vietati, non consentono l'introdurre buoni sacerdoti forestieri, obbligano tutti alla messa ed alla predica degli eretici, onde i Cattolici sono costretti, per penuria di buoni ecclesiastici, servirsi d'apostati e d'uomini di mal affare e scandalosi, e divengono a poco a poco eretici".

Si moltiplicavano dunque le gozzaje: per una parte e per l'altra tirandosi al peggio che si facesse, ogni sospetto si pagava colla vita. Così fu (per tacer altri) del conte Scipione Gámbara bresciano, che per aver ucciso un suo cugino, casi ordinarj in quel beato tempo antico, era fuggito a franchigia in Tirano, ed ivi, secondo che l'uso e il suo delitto portavano, si teneva attorno una masnada di *buli*, come si chiamavano i bravi. Entrò gelosia nei Grigioni ch'egli volesse dar mano a stabilire l'inquisizione, e liberare la valle dai Protestanti: onde, còltolo, e coi metodi consueti in tali procedure, convintolo di trama col cardinal Sfondrato e coll'inquisitore Montesanto, egli, come nobile, fu decapitato a Teglio, il suo complice Lazzaroni di Tirano squartato vivo, e le spese del processo caricate alla valle. Peggio avvenne quando Ulisse dei Paravicini Capello di Traona, che reo di molto sangue campava sul bergamasco la vita, osò una notte ricomparire con venti sicarj in patria, e trucidare i magistrati. L'atroce fatto seppe di ribellione ai Grigioni, e quindi il sospetto, quindi lo sdegno pose in maggior urto gli animi, ed i cattolici, o per colpa o per pretesto, venivano, or l'uno or l'altro spicciolati, modo sicuro d'indebolire le fazioni. Così la certezza dell'odio pubblico faceva prendere tali provisioni, che lo rendevano implacabile. Qualche buon ordinamento veniva talora(46), ma di corto cadeva nell'oblio e non rimaneva che il peggio.

Sotto la protezione dei signori, che dicevano: *"Credi quel che ti piace, ma fa quel ch'io ti comando"* ogni tratto qualche nuovo Cattolico disertava, anche preti e curati. Essendo ordinato che ove fossero più di tre famiglie riformate convenisse accomodarle di *baserga*(47) e di ministro a spese comuni, i Cattolici si vedevano costretti a mantenere i predicanti coi benefizj ecclesiastici. E non compatendo la religione loro che i preti predicassero dalla bigoncia, ond'era sceso dianzi il ministro calvinista, conveniva si provvedessero di nuove chiese. Intanto, predicanti a gara gli uni degli altri venivano fin da lontanissimo per far proseliti: prima pochi per giuoco, poi molti per curiosità, indi più per diversi affetti s'affollavano a udire il nuovo vangelo, i cui più soliti ornamenti erano rampogne ed ingiurie. Credendo ciascuna parte essere in possesso della verità, e l'avversaria trovarsi nell'eresia, lo zelo esacerbava gli odj da fratello a fratello.

Rinfacciavano i novatori a quei della messa, come li chiamavano, che una fede inculcata senza il consentimento della ragione, degenera presto in superstizioni, e molte in fatto se n'erano introdotte(48), e si prodigavano le indulgenze(49) a scapito della morale. I preti cattolici, temendo fin quell'esame e quella luce, il cui bisogno eleva e ingrandisce l'anima, ma che generava l'orgoglio del senso individuale, inculcavano che una religione scandagliata e analizzata cessa di esser fede, e si lamentavano di veder chiamate a scrutinio le cose che il cattolico guarda con umile meraviglia, e che Iddio, per occulti giudizj, tolse alle dispute dell'uomo, ingiungendogli "Credi e adora". L'augusto Sacramento, di cui Cristo volle fare un simbolo di pace e di concordia e che, *assunto in sua commemorazione,* ricordasse ai figli suoi il *sangue versato a salute comune,* diveniva pretesto d'acerbe contese. E pareva che ciascuna parte si fosse proposto di mostrare, colla condotta meno evangelica, di possedere il vero vangelo. Vi erano sì i buoni che gridavano da una parte e dall'altra: "Se la nostra fede è la vera, se viene da Dio proviamolo col deporre questa rabbia anticristiana: la carità move da Dio, la discordia dall'inferno: *unitevi di spirito e di cuore, e Dio sarà con voi: il nostro non è il Dio delle contese, ma della pace e dell'amore"*(50). Così dicevano: ma quando mai il discorso dei savj la vinse sopra l'orgoglio e l'egoismo delle opinioni?

I Cattolici però potevano dire ai loro avversarj: "O voi che venite a mostrarci in errore: non siete uomini voi pure, non siete voi pure all'errore soggetti? Noi seguitiamo la tradizione d'uomini pii, e più vicini al tempo del Redentore: voi nasceste pur jeri. Noi stiamo ad un'autorità di origine divina, al sentimento del genere umano; voi surrogate la più fredda delle umane doti, la ragione, il più variabile appoggio, la particolare persuasione. Voi venite a predicare l'amor di Dio: eppur da voi nascono la scissura e la desolazione della patria". Fondati su questo e sulle tante ragioni, che anche umanamente rendono inconcussa la fede nostra, contrastavano i Cattolici al progresso dei Riformati: e poiché non v'è caso di gran timore senza che vi sia di gran coraggio, si narrano molte e ribalde e generose opposizioni. Poniamo fra le prime i divisamenti dell'arciprete Schenardi di Morbegno che in uno scritto latino sul *propagare la fede cattolica nella Rezia*, suggeriva che quando i ministri eretici, ogni ottava del *Corpus Domini*, venivano a celebrare i loro conciliaboli, nel ritorno fossero còlti in imboscata in quel tratto di terreno presso Bocca d'Adda che spetta al Milanese(51), e mandati a Roma. Tommaso della Chiesa in val Malenco caldeggiava i Riformati; onde morto il parroco del luogo, e sepolto il tempio di colà da una frana, fece di tutto per indurre quei valligiani a valersi del ministro degli Evangelici, per l'uomo dotto che sapevano lui essere: e con maniere a maraviglia scaltrite, spacciava che la parola di Cristo, predicata da questo, varrebbe assai più che non la messa dei papisti, che non orazioni recitate in una lingua che non intendevano. Riboccar di baje le prediche dei loro preti, di idolatria il culto; ove trovavano che il vangelo comandasse il celibato ai preti? e il digiuno? e la confessione auricolare? O che! vi farete a credere che uomini di intendimento scòrti e nel viver santi, cima di principi e dottori abbiano cercato sì sottilmente nel vangelo e nei dogmi solo per dannarsi? E soggiungeva altre cose or serie, or ridicole, che non sarebbero cadute a vuoto senza la fermezza di Tomaso Sassi pastore, il quale si fece a gridare: stessero attaccati al *credo* vecchio, non volessero seguire piuttosto il nuovo che il sicuro(52), non lasciassero rapirsi la consolazione dei sacramenti, che mescono il gaudio e la sanzione del Cielo alle più solenni circostanze della vita, dalla culla al letto di morte. E dopo morte, su in paradiso i padri loro che v'erano giunti credendo all'antica, stavano ad aspettarli. Quanto dolore se li vedessero precipitarsi coi nuovi nell'inferno! Con tali o sì fatti argomenti, tolti dal lume del natural discorso, il buon uomo rimutò i terrazzani dal proposito di cambiar religione.

Anche il sesso imbelle spiegò costanza a sostenere il rito degli avi. In Caspoggio, terra della val Malenco, mentre i mariti estivavano com'è costume sugli *alpi* (chiamano così i pascoli montani), venne saputo dalle donne che i riformati intendevano seppellire in S. Rocco un loro bambino allora morto, col che avrebbero preteso d'acquistar possessione di quella chiesa. Che fan elle? si allestiscono ben bene di sassi, e rinserratesi nella chiesa, aspettano il funebre convoglio. Come s'avvicina, ecco fuori lo stormo, che schiamazzando alla donnesca, con una tempesta di pietre pone in volta il funerale. Caso che diede da ridere in quei contorni, e da stizzire a parecchi.

In Sondrio ancora si accingeva il governatore ad entrare per viva forza nella chiesa cattolica, e ridurla al nuovo rito. Ma un Bertolino di colà, uomo tagliato all'antica, commise a Giangiacomo, suo figliuolo di gran cuore, che colla daga alla mano contendesse ai Riformati l'entrare in chiesa. Ciò adempì egli sì bravo, che al governatore non bastò l'animo di proceder oltre: ma voltosi in traccia del Bertolino e scontratolo, tutto in gote si querelò del figliuolo, che gli avesse, nel maggior pubblico della gente, usata quest'onta. Al che il buon Sondriese rispose le molli parole che frangono l'ira, e menossero a casa, ove a lui ed al suo satellizio improvvisò una lieta merenda, spillando la miglior botte. E lì bevi e ribevi, fra l'ilarità parliera delle tazze cominciò il Bertolini a gettar motti di scusa pel figliuolo, onde il governatore, per iscambio delle cortesie ricevute, si mostrò disposto a mettere in non cale l'affronto. Allora ecco entrare Giangiacomo, né in aspetto d'avvilito, ma sempre accinto della sua daga, e con un fiasco del più pretto vino, che cominciò a mescere in giro alla ragunata. Non faceva però egli atto né mostra di voler chiedere scusa e quando alcuno ne l'interrogò, diede un fischio, ed in men ch'io nol dica uscirono fuori quindici garzoni in tutto punto d'armi. Additando i quali al governatore, che pensate come si sentisse, "Ecco (esclamò Giangiacomo) e me e questi pronti pel governatore e per la repubblica fino all'ultimo sangue, solo che non ci si tocchi la religione nostra: ma se alcuno presumesse recarci in ciò al talento suo, non risparmieremo la vita a tutela della nostra santa fede". Tra pei generosi modi del giovinotto, tra per la paura dell'armi e il lenocinio del buon vino il governatore, che non doveva essere un Verre, abbracciò Giangiacomo ed il padre, e in lieti brindisi finita la festa, depose per allora ogni pretensione sulla chiesa.

Altri fatterelli succedevano ogni dì, che non sempre si risolvevano in un riso, e che rivelavano un'izza reciproca, per cui dominati e dominatori erano pronti a correre ai risentimenti. I Riformati ne davano ogni colpa a Nicolò Rusca, arciprete di Sondrio. Era questi nato in Bedano terra del luganese, da Giovanni Antonio e Daria Quadrio. Studiò prima sotto Domenico Tarillo curato di Comano, uomo di buone lettere ed investigatore delle antichità, e recitò in quel paese la prima volta dal pergamo, come sogliono i novelli cherici, un discorso altrui. Fu poscia a Pavia, indi a Roma, poi nel collegio elvetico di Milano, ove a san Carlo ne parve sì bene, che talvolta abbattutosi in esso, postagli sul capo la mano: "Figliuol mio (gli disse), combatti buona guerra, compi tua carriera. Per te è riposta una corona di giustizia, che ti renderà in quel giorno il giudice giusto".

Monsignor Volpi di Como gli diede la parrocchia di Sessa: indi compreso di che gran parti egli fosse in sapere, in saviezza, in cristiana prudenza, lo chiamò arciprete di Sondrio. Peso enorme a quei dì. Il predecessore suo Niccolò Pusterla era stato, con sei zelanti cattolici, rapito in prigione, e colà, vollero dire, avvelenato dal governatore, perché in tempi di fazione si crede non si esamina. Delle contrade vicine molte assentivano ai Riformati, altre erano miste(53), sicché avevano due ministri: dei Sondriesi un terzo si era sviato dalla Chiesa romana. Aggiungi che dal 1520 al '63 v'era stato intruso arciprete Bartolomeo Salice, che contemporaneamente era arciprete di Berbenno, curato di Montagna, arciprete di Tresivio e in nessun luogo risedeva, lasciando che il gregge sviasse a pascoli infetti. Dei benefizii si valeva per dotare nipoti. Portò anche le armi, il che tutto giovava miserabilmente alla diffusione dell'eresia. Di quel tempo venne a predicar a Sondrio un frate in aspetto di somma dottrina e pietà. E il popolo che da gran tempo non udiva più prediche, accorse alle sue: ma ben presto egli si scoperse eretico. Se ne levò tumulto, ed egli rifuggì ai Mossini in casa Mingardini, donde seguitava a predicar ai nuovi convertiti. L'arciprete Salice non se ne dava pensiero. Blandiva i Grigioni nella speranza di esser fatto vescovo di Coira, e quando infatti Pio IV vel destinò egli rinunziava ai tanti benefizii in Valtellina. Ma poiché non fu confermato, si trovò sprovvisto e morì poveramente in Albosaggia.

Il Rusca, chiamato a quel posto, tentò sottrarsi al grave incarico. Indi per obbedienza l'assunse, collo zelo del buon pastore che offre l'anima per le pecorelle.

Deditissimo agli studi, sapeva di greco e d'ebraico, non che di latino: altamente sentiva delle cose celesti, e *usando la spada dello spirito che è la parola di Dio*, era tutto in predicare con una dottrina chiara, corrente e morale, piena dei lumi della somma verità, escludendo quanto potesse avere dell'agro e del contenzioso. Trovata la chiesa squallida, vi rimise belle suppellettili, buon organista, solenni funzioni. Imperterrito si oppose alle pretendenze dei novatori, i quali, oltre esigere dal capitolo la provvigione di 30 zecchini pel ministro evangelico, volevano ch'egli cedesse porzione del suo giardino per fornirli di cimitero, si sonassero le campane al venerdì santo, ed altre sì fatte novità. Intervenne a varie dispute, ove per chiarimento del vero si solevano mettere in contraddittorio un per uno gli articoli della fede. Dispute che, secondo il solito, non convincevano alcuno, e finivano sempre col gridarsi da ambe le parti il trionfo(54).

Ma quale veniva chiamato *martello degli eretici*, si mostrò singolarmente allorquando i Riformati ottennero si istituisse a Sondrio un collegio, del quale il rettore e tre dei cinque professori fossero calvinisti. Fin dal 1563 si era divisato, poi aperto nel 1584 un collegio, dove si accettassero cattolici e no; e dove naturalmente nessun cattolico andava. Cadde, e allora voleva rinnovarsi. Ma senza guardare in faccia né ai Salis che lo proponevano, né al re d'Inghilterra che si diceva somministrar il danaro, si attraversò il Rusca a questa impresa, e riuscì a sventarla, ed unire anzi un'accademia che propagasse le cattoliche dottrine.

Questo perpetuo e vivo contradditore dei loro disegni non poteva non essere in gran dispetto agli acattolici, che miravano a torselo d'in sugli occhi. Dapprima Gio Corno da Castromuro capitano della valle lo condannò in grave multa perché avesse rimproverato ad un giovane suo popolano l'aver assistito alla predica dei Calvinisti. Ma i Sondriesi presero le armi, e si fu ad un pelo di far sangue: onde il capitano denunziò l'affare a Coira. Il Rusca difeso da Anton Giojero ministrale della val Calanca, fu assolto, ed il capitano ammonito. Gli apposero quindi d'aver fatto trama con un Ciapino di Ponte per ammazzare o tradurre all'inquisizione(55) Scipione Calandrino predicante di Sondrio. Il Ciapino fu messo a morte: a Nicolò, che ne aveva assistite le ultime ore, confortandolo in quella estrema e maggiore di tutte le umane necessità, attaccato un processo, che lo costrinse a ricoverare a Como. Giustificatosi, tornò più glorioso, aggiungendosi alla virtù il lustro della persecuzione. Tanto più bramavano i nemici suoi di metterlo per la mala via, e la fortuna mandò tempo al loro proponimento.

Ci fu veduto come, fra i Grigioni, tutto andasse in brighe di potenze straniere; fra le quali si dimenticava l'interesse della patria. Gli ambasciatori francesi, con disapprovare la lega fatta coi Veneziani, caddero in sospetto di esser d'accordo colla Spagna: sicché l'ambasciatore Gueffier, denigrato dai predicanti, dovette fuggire negli Svizzeri: quinci lamenti e turbolenze, fra le quali pigliavano il sopravento i predicanti, venuti ormai il tutto del governo, come succede ai pochi che schiamazzano mentre i più stanno savi e tranquilli. E avendo intesa con Zurigo, Berna e Ginevra, non cessavano di gridare doversi far nello Stato una sola religione, essere violate le costituzioni poi bocconi stranieri, si operasse una volta efficacemente a rintegrare la libertà, riformare il governo e simili altre parole, che sempre discendono grate nelle avide orecchie della plebe. Fidati nel favore di questa, sotto Gaspare Alessi ginevrino predicante di Sondrio, accozzarono un loro concilio prima a Chiavenna presso Ercole Salis, uomo per servigi ed ingegno in gran nome, poi a Bergun, paese romancio alle falde pittoresche dell'Albula. Ivi dichiararono la fazione spagnuola funesta alla Rezia ed alla religione, micidiale l'alleanza di Francia, buona quella sola di Venezia: e si concertarono sul come dar superiorità alla parte loro.

Consiglio di volpi, tribolo di galline. Quei predicanti, presa dall'operare audacia all'operare, corsero intorno gridando contro gli Austriaci, e che v'erano maneggi per quelli, e che il governatore di Milano aveva disseminato danari per la Valtellina, e che per reprimerla si doveva stabilire il tribunale inquisitorio, il quale correggesse la costituzione venuta omai in gran punto. Il popolo s'infiamma, tanto poco basta a travolgere le menti di chi, non a ragione ma ad empito, si conduce. Ercole Salis se ne fa capo, l'Engaddina e la Pregalia levansi in arme, i castelli dei Planta fautori degli Ispani sono diroccati, uomini malfattori, accesi in rabbiosa ira, entrano a forza in Coira. Dispersi o carcerati come ribelli i preti e persone di gran bontà, tutta quella moltitudine si conduce a Tosana (*Tusis*), paese romancio a piè del fertile Heinzenberg fra il Reno posteriore e la formidabile Nolla. Ivi stanziando le 25 bandiere, con un migliajo e mezzo di soldati, proclama 13 capitoli per conservare la libertà, e pianta lo *Strafgericht*. Chiamano così un criminale straordinario di giudici scelti dalle comunità grigione, che viene ordinato con autorità dittatoria ogni qual volta alcuna fazione sovverta il paese, si scopra abuso nel governo o macchinazione contro lo statuto. Questa volta v'aggiunsero un consiglio di predicanti.

Allora, pretendendo rintegrare la libertà politica col togliere ogni libertà legale, mandano a compimento i feroci disegni. E una furia d'accusatori esce addosso a quanti erano sospetti: cioé, come il solito delle rivoluzioni persecutrici, a chiunque avesse nome di ricchezza o di bontà. Là il settantenne podagroso Zambra, quasi, comprato dai dobloni spagnuoli, avesse favorito l'erezione del forte di Fuentes, venne squartato; là bandita una taglia sul capo di Rodolfo e Pompeo Planta, del vescovo di Coira Giovanni Flug, e di altri profughi, ed erette forche sulle spianate lor case(56).

Il dottor Antonio Federici di Valcamonica, mutatosi per opinioni religiose in Valtellina, prese moglie a Teglio, e si fece protestante. Egli diede voce che Biagio Piatti, cattolico infervorato di questo paese, avesse subornato un fratello di lui ed altri della Valcamonica, perché venissero, e quando i protestanti di Boalzo si trovavano alla predica, gli uccidessero. Il Piatti fu arrestato, e così altri supposti complici, intanto che un fratello di esso uccideva Paolo Besta che aveva recato l'ordine dell'arresto. Biagio, messo alla tortura, confessò quel delitto e quanti altri se ne vollero, e fu decapitato dal tribunale inquisitorio, e tenuto per martire dai Cattolici.

Francesco Parravicini d'Ardenno, settagenario e infermiccio, si presenta a quel tribunale per iscolpar il proprio figliuolo contumace, e il tribunale non potendo ottenere si ritirasse, gli coglie addosso un'accusa. E poiché le sue infermità non permettono di alzarlo sulla corda, gli serrano i pollici in un torchietto e sebbene stesse saldo a negare, il condannano in 1500 zecchini. E migliaja di zecchini furono imposti ad altri.

Nicolò Rusca, a cui da tanto tempo i predicanti, come a sturbatore dei loro divisamenti, volevano il peggior male che a nemico si possa, non fu dimenticato dallo *Strafgericht*. Marcantonio Alba di Casal Monferrato, predicante di Malenco a capo di quaranta satelliti, la notte del 22 giugno, colto nella sua arcipretura, per l'alpestre via di Malenco e dell'Engaddina lo trascinò a Tosana. Si dice inviasse nel tempo stesso per arrestare molti altri, che però, in sull'esser presi, tranne un Piatti suddetto ed un Castelli, fuggirono, probabilmente avvertiti da quei Grigioni che saviamente disapprovavano tali violenze.

Come appena i Sondriesi udirono entrato in forza dei nemici un pastore che sì caramente guardavano, sorse in tutti una pietà tanto più generosa quanto che proscritta. Nel primo furore si voltarono per far rappresaglia addosso a Gaspare Alessio predicante, ma s'era ridotto in salvo: diressero quindi una deputazione a scolpare l'arciprete, ma non fu ricevuta: i Cantoni cattolici e Lugano sua patria mandarono Gian Pietro Morosini a perorarne la causa. Ma il tribunale, cercando casi vecchi e dubbi come recenti e certi, gli rinnovò l'accusa dell'attentato contro il Calandrino. Poi di avere subornato il popolo a non ubbidire alle Tre Leghe, cercato tornar cattolici i riformati, tenuto commercio di lettere col vescovo e con altri, esortato in confessione a non portar le armi contro il re cattolico; aver istituita la confraternita del Sacramento, che asserivano portare micidiali armi sotto le devote cappe.

Indarno gli avvocati suoi lo scusavano intemerato, protestando la candidezza dell'animo suo, e come in 28 anni da che era arciprete fosse stato al bene ed al male che s'aveva, fedele alle Leghe, se non devoto, tutto in gran fare per l'anime altrui, non avendo in desio che il bene della religione. Operato bensì che si mitigassero i decreti pregiudizievoli alla cattolica religione, non ordito però mai contro il governo. Quanto al Calandrino non che adoprar seco dispiacere od agrezza, avergli usate quelle maniere di maggior cortesia che il caso permetteva, visitandolo talora, e prestandogli anche libri. Ma qual pro delle difese in caso di stato quando già è prestabilita la condanna? Il ben vissuto vecchio, benché fosse disfatto di forze e di carne e patisse d'un ernia e di due fonticoli, fu messo alla tortura due volte, e con tanta atrocità che nel calarlo fu trovato morto. I furibondi, tra i dileggi plebei, fecero trascinare a coda di cavallo l'onorato cadavere, e seppellirlo sotto le forche, mentre egli dal luogo ove si eterna la mercede ai servi buoni e fedeli, pregava perdono ai nemici, pietà per i suoi(57).

Quel giorno stesso fu segnalato da un gravissimo disastro naturale, perché di doppio danno avesse a piangere la Valtellina. Vuole la tradizione che un antichissimo scoscendimento di montagna abbia coperto Belforte(58) sul cui cadavere s'eresse Piuro, grossa terra posta a quattro miglia da Chiavenna, nella valle che mena alla Pregalia. Scorre sul fondo di quella valle la Mera fra due pendii di montagne, l'uno volto a settentrione tutto pascoli e selve. Quello che alla plaga del mezzodì riguarda, popolato, senza perderne spanna, di frutti, di vigneti, di casini, di crotti(59).

Sulla cui falda lentamente inclinata sedeva il paese, pieno "di case nobili e ricchi mercatanti con ampli cortili e portici, con colonnati, sale spaziose di vaghe pitture ornate, da stufe alla tedesca superbissime pel lavoro di intaglio e di commisso, ben addobbate di tappezzerie di Fiandra e d'altri preziosi drappi, di sedie di velluto con frange d'oro, di copiose argenterie, di scrigni ben lavorati... di ameni giardini e spaziosi con ispalliere d'aranci, cedri, limoni... non solo ne' vasi di legno e di terra cotta, ma di bronzo ancora e di rame, o molti inargentati e indorati"(60).

Erano poi lodate per una delle belle cose del mondo le case dei signori Vertemate, i cui giardini sono dal tipografo Locarni(61) paragonati alle delizie di Posillipo, alla riviera di Genova, ai romani palagi. Tanta ricchezza vi portavano il passaggio delle merci, la vendita dei laveggi di pietra ollare che là presso si tagliano, e la manipolazione della seta, della quale scrive alcuno vi si lavorassero 20.000 libbre ogni anno.

Nella montagna settentrionale, alla pietra ollare (*clorite schistosa*) grossolana, untuosa al tatto e liscia sovrastava un monticello, che chiamavano Conte, di argilla e terriccio. In questo già da un pezzo i terrieri avevano avvisato qualche crepaccio; ma quell'estate continuarono più giorni a ciel rotto rovesci di piogge, che insinuandosi fra la roccia e il monticello, lo scalzarono. E già franava sopra le vigne del prossimo villaggio di Schillano, ed i pastori vennero annunziare come e pecore ed api fuggissero da quella balza. Né perciò si atterrirono quei di Piuro. Mal per loro, giacché sull'oscurare del 25 agosto (4 settembre secondo il calendario gregoriano) ecco in un subito scuotersi la montagna di Conte, ondeggiare. E fra un sordo fragore quasi d'artiglierie murali, lo scrollato colle scivola sul lubrico pendio della montagna, precipita sopra Schillano e Piuro, seppellisce uomini e case. I Chiavennaschi che udirono il fracasso videro caligarsi il cielo, volare fin là il sommosso polverìo, ed interrompersi il corso della Mera, durarono la notte intera in dubbio della sorte dei loro amici, di sé stessi: la mattina rivelò deplorabile scena. Era Schillano grande in quantità di 48 fuochi, di 125 Piuro con 930 abitanti, nobili famiglie e buone borse, molti tornati appena dalla fiera di Bergamo. Ed anima viva non ne campò. Dopo alcun tempo la Mera si aperse un nuovo corso fra il dilamato terreno: si tentò, si scavò, nulla poté ritrovarsi che masserizie e cadaveri(62). Non mancarono prodigi al terribile caso: la cometa che in quel tempo aveva atterrito i popoli e i re. Predizioni portentose: angeli che avvisarono del pericolo, demoni che infierivano la procella, chi l'attribuì a vendetta di Dio per il licenzioso vivere d'alcuni, o per i protestanti che vi avevano culto. I più giudicarono non senza destino fosse accaduto appunto il giorno della barbara uccisione dell'arciprete Rusca. Fermo tra i miserabili resti e nel letto del fiume devastatore, che scorre sopra il diroccato borgo, ben sei disumano se non ti senti stringere il cuore pensando a quelli, che repente dalla quiete dei domestici lari, dalla preghiera, dall'amichevole discorso, dalla soavità degli affetti famigliari, vennero balzati in quell'incognita regione, dove solo si fa giusta la retribuzione delle opere umane.

CAPO IV

Scontento dei Valtellinesi—Congiura dei Grigioni e dei Valtellinesi—Sacro Macello.

Ma, dolorosa verità! L'uomo ha più da temere le passioni dei suoi simili che i disastri della natura. Gran doglia andava continuando alla Valtellina il severo procedere dello *Strafgericht*, che per racconciare la libertà guastava la giustizia: provocava lo sdegno dei nobili col toglierli singolarmente di mira, mentre i popolani (se le fazioni non ne traviavano il senno) si accorgevano che, percossi i capi, rimarrebbero essi alla mercede dei predicanti. Nella Valtellina intanto i Grigioni ogni di più prendevano rigoglio addosso ai Cattolici, e questi dovevano mandar giù e mandar giù; e se dicevano parola di lamento, i padroni si voltavan loro con un viso, quasi i buoni ed i belli fossero essi. Se ti fai a leggere gli scritti di quei giorni, ti apparrà come i signori vivessero timorosi e tremendi, nei sudditi fosse un'ira, un cordoglio, un'affannosa speranza, il silenzio della paura in tutto il paese, l'idea della vendetta in tutti i cuori, e quel sordo rumore dello sdegno di Dio che si appressa.

Sciagura al governo, che intende col terrore comprimere i soggetti mentre potrebbe colla giustizia amicarseli! Tristo a quello, il cui egoismo crede riparar al male coll'acquistare tempo! I perseguitati grigioni e valtellinesi, e quelli che riputavano meglio un onorato ribelle che uno schiavo cittadino, cercando fuor di patria sicurezza, libertà di lagnarsi, speranza di vendicarsi, si davano attorno per introdurre le armi straniere nella valle non solo, ma nei Grigioni. Anche il popolo dal terrore alla pietà, poi allo sdegno passò. E prima parlottar segreto, poi aperte querele, ché nei patimenti sembra consolazione il gridare e lamentarsi, e venire per il più leggero appicco a parole, e tutt'insieme a sassi e coltelli. Avendo voluto i Reti introdurre una chiesa evangelica in Boalzo e Bianzone, s'opposero a tutta lor possa i Cattolici. E per vendetta di Biagio Piatti i Cattolici ammazzarono un evangelico di Tirano, e diedero tal avviso che mal per lui al predicante di Brusio, *primizie de' Martiri*.(63) Anche al Calandrino, mentre predicava a Mello, una banda s'avventò, e lo ferì a morte. Anzi avendo i predicanti, dopo la pasqua, fatto una solita loro accolta in Tirano, i terrieri in arnese d'armi s'erano rimpiattati al ponte della Tresenda per trucidarli: ma lor ventura volle ne sentissero fama a tempo per ripararsi.

Intanto i Valtellinesi non lasciavano cura per trovare rimedio efficace ai mali sì lungamente pazientati. Dal duca di Feria, nuovo governatore del milanese, e dal Gueffier ambasciadore francese ricevevano subdoli incentivi: trattarono colle Corti d'Austria e di Spagna, ma l'ambigua politica di questa niente lasciava trarre a riva. Il papa, a cui inviarono non una sola volta, li consolava con un mondo di promesse, ma intanto li teneva confortati ad una pazienza, che loro pareva ormai intempestiva. Sopratutto adoperavano i fuorusciti, gente che, nimicissima di chi la proscrisse e nulla avendo a sperare nella quiete, tutto nei tumulti, badando ai suoi odj più che ai comuni interessi, è perpetua autrice di partiti estremi e ruinosi, purché riesca non tanto al proprio trionfo, quanto a danno o a dispetto dell'inimico. Colle consuete esagerazioni costoro gridavano per il mondo l'oppressione della patria loro, e confortavano i Valtellinesi a levarsi una volta per la causa santa, promettendo tener mano con essi.

Poiché ad ogni partito si vuole un rappresentante, un capo, tal fu Giacomo Robustelli di Grossotto, parente dei Planta perseguitati, perseguitato egli stesso, uom d'alto sangue, agiato dei beni di fortuna, d'animo gagliardo e male al servire disposto, e ricco di quell'ambizione che dei sagrifizj altrui sa fare vantaggio proprio. Servendo nell'armi, era da Carlo Emanuele di Savoja stato fatto cavaliere dei ss. Maurizio e Lazzaro, e molt'aura si era tra i suoi acquistato coll'affabilità e splendidezza, sicché parve opportuno centro alle trame per liberare la patria. Ben giungeva all'orecchio dei dominanti come si parasse mal tempo, farsi appresto d'armi e danari per venirne ad una: ma il sangue del Rusca era montato al cielo, grave giudizio stava per avvenirne, e Dio gli inebbriava col calice che manda talvolta a popoli e a principi, il sopore(64).

Ciò faccia saggi i signori della terra, che il pubblico bene, se vuol che il suddito soffra alcuna cosa, vuol a più forte ragione che, chi comanda, paventi stancarne l'obbedienza, schermo d'armi non bastare ove ingiustizie si continuano, e mostrare più ancora dissennatezza che atrocità chi ai lamenti dei popoli risponde "Confido nel mio esercito".

Non intenderà mai la storia chi guardi i passati avvenimenti dalla camera propria, anzi che trasportarsi in mezzo agli uomini, ai costumi, alle opinioni tra cui furono compiti. La tolleranza, questo dolce frutto della civiltà fecondata dal vangelo, per la quale noi consideriamo fratello l'uom di qualunque credenza, e lasciamo a

Dio lo scrutare i cuori e punir gli errori dell'intelletto. La tolleranza che nei secoli forbiti si risolve in accidiosa indifferenza tra l'errore e la verità, e fa oggi da molti guardar come buone del pari tutte le religioni purché morali, era affatto estranea a secoli dove le pratiche religiose tenevano il primo posto nella società, dov'era profonda la persuasione che una credenza sola portasse alla salute, le altre alla perdizione. Chi però dice che la tolleranza fosse proclamata dai riformatori, mentisce, e basterebbe a sbugiardirlo questo nostro racconto. Le persecuzioni furono tra essi comuni non meno che tra i Cattolici, altrettanto fiere e più durevoli, e nelle dissensioni religiose di quel secolo si trattava solo qual parte dovesse scannare l'altra; se in Francia i Cattolici trucidare gli Ugonotti o in Inghilterra il contrario.

Anche in Valtellina si ha per costante che i Riformati si fossero giurati a fare un vespro siciliano, e ridurre alla nuova religione la valle, non lasciando razza né generazione dei Cattolici. Questo fatto potrebbe, se non giustificare, scusare almeno l'estremità dei Valtellinesi: ma è egli altrettanto vero, quanto asseverantemente ripetuto? Il Ballarini, il Tuana ed altri scrittori cattolici lo affermano; e che il governatore di Sondrio si fosse lasciato sfuggire di bocca, non andrebbe molto che sarebbero tutti d'una fede. Nelle suppliche sporte dal clero e dal popolo di Valtellina al re cattolico ed al cristianissimo si asserisce questa congiura. Possibile ardissero mentire così sfrontatamente in faccia a quelle corone? Parrebbe anzi che unissero alle suppliche l'atto di quella congiura(65). Ma perché, mentre si conservarono le suppliche perì tal documento? Come, fra tanti fasci di carte, che ad altri ed a me non parve fatica rovistare, questa non si rinvenne? Ben si ragiona di qualche lettera, ed il Bajacca asserisce nel 1619 esserne caduta in mano dei Cattolici una, di non si sa qual predicante, che si leggeva "Dio vi salvi, fratelli. Non potendo la patria conservarsi in altra guisa che col levare di mezzo i dissidenti, si conchiuse che vengano dalle fondamenta tolte la città ed il vescovo di Coira, poi la Rezia tutta per riguardo ai papisti". Ne recitano pure un'altra lunga latina, che suona in questo tenore: "Fratelli, il dado è gittato… usiamo prestezza: non diamo agli avversarii tempo a respirare… I papisti non si devono ridurre alla disperazione se non si possono insieme prendere ed uccidere, poiché spesso la disperazione è causa di vittoria. Mentre dunque il ferro è caldo, battiamo: di poi l'occasione sarà calva: moviam loro liti, molestiamoli citando, disputando, mormorando: calunniamoli, finché lice quanto piace; quelli d'alto ingegno irretiamo colle astuzie: allontaniamo così qualunque pericolo possa alle cervici nostre sovrastare; tronchiamo le più alte: prima il vescovo, gli abati, i prelati, i ministri avversi prendiamo, poi gli ispanizzanti; rissiamo gli altri fra loro affinché si consumino: questi cacciamo, quelli abbattiamo: se non taglieremo, saremo tagliati: oppressi quelli, nulla è a temere... E ch'io lo dica in una parola: coll'esilio e la morte di 300 uomini saremo sicuri".

Fin qui la lettera. Ora ti par questo l'ordinamento d'una congiura! O non anzi il gridare, concediam pure d'un fanatico, ma che non fa che gettare in mezzo un suo pensamento? Mi dirai che parlar oscuro si suole in cose di tanto rilievo; ma od egli non temeva che la lettera cadesse sott'occhio cattolico, e diceva poco; o sì, e diceva troppo. Chi poi vergò quella lettera? donde? quando? a chi?(66) Manca ogni data, ogni autenticazione. Come poi cadde in mano ai Cattolici? Miracolosamente, vi dicono: risposta vaga, che cresce le dubbiezze. E se considero come pochi fossero i Riformati a petto dei Cattolici, come fra questi ne fossero di baldanzosi, che, quantunque sbanditi, vivevano in patria fidando nei satelliti e nel proprio braccio, tanto da ardire fino insultare i magistrati, sempre più scemo fede a questa congiura, e vengo a crederla uno spediente, che il secolo nostro non ignorò. Accusare la parte che soccombette, coprendo l'atrocità colla calunnia e ammantando di difesa il misfatto.

Ma nulla più facile che ottener credenza perfino all'assurdo in mezzo al turbinio dei partiti, cui primo effetto è annichilare il buon senso. Vi si diede dunque retta. Le apparenze si recavano a realtà, i veri mali s'invelenivano, si fingevano dei non veri, e quelli e questi aumentavano l'accanimento. Era quello un tempo di rivoluzioni. La Francia, dopo il macello della famosa notte di san Bartolomeo che molti guardarono come generosa vendicazione di libertà nel credere, si era agitata fra guerre terribili, che appena allora avevano posa. L'Olanda si scoteva sanguinosamente dal giogo della Spagna in nome della religione. In nome di questa la Boemia rompeva guerra all'imperatore. Tutta Germania era in tumulto per quella che poi si chiamò guerra dei Trent'anni. Quanto valga l'esempio nelle rivolte non fa mestieri ch'io lo dica; né dovette essere allora inefficace a persuadere i Valtellinesi a procacciare con mano forte ai casi loro.

Il cavaliere Robustelli accozzò nella propria casa a Grossotto alcuni Valtellinesi di maggior recapito e di spiriti più vivi e con parole da quel dicitore felice che egli era, discorse i danni ed i pericoli della patria e della religione. Qui gran disparere. Chi esortava ancora a pazienza: come si tollerano le brine ed i rovesci del tempo, doversi tollerare la mala signoria. Esservi altri legali mezzi a sperimentare, i subugli alla fine non far bene che ai tristi. Essi, che fin qui potevano mostrare la ragione, non volessero gittarsi al torto col soverchio avventurarsi, colle rivolte, esperimento pericoloso quanto la trasfusione del sangue, non s'ottiene che di cangiar padrone, forse di ribadir le catene, certo di perdere l'inestimabile dono della pace. I moti popolari, facili ad eccitarsi, difficili a mantenersi. A parole tutti esser buoni, ma al fatto si sente che altro è immaginare, altro è soffrire, quando, raffreddo il primo bollore, si conosce di non aver altro che aperto un varco di pianto in pianto e d'un male in un peggio. Così dicevano quelli cui pare che la perseveranza conduca ben più innanzi che non l'impeto; e che disposti a non transiger mai colla prepotenza confidano fiaccarla colla sofferenza attiva, persone che il secolo nostro condanna col titolo di moderati.

Ma uom deliberato non vuol consiglio. E i più ai quali pareva lodevole il far libera la patria od utile il comandarla o santo il purgarla dalla eresia, sordi ad ogni voce di moderazione, per bocca del Robustelli esclamavano essersi sofferto assai: dallo star pazientando qual buona mercede ce ne venne? I timidi consigli ci fecero disprezzati, i gagliardi ci faranno rispettati. Chi non comincia non finisce. Dai padri nostri ne fu lasciata una patria da amare, un patrimonio da difendere, il dovere di conservare le leggi da loro promulgate. E la patria ed i beni e le leggi e, che più conta, la religione ci hanno codesti stranieri tolto o contaminato. Chetare le speranze in Dio? Quest'è lodevole quando cresca stimolo alle forze, non quando sia pretesto a cessar dalle opere. Una misera pace ben si muta anche colla guerra. Cento mila Cattolici, quanti ne abitano dalle fonti del Liro a quelle dell'Adda, elevano un voto solo: cento milioni di Cattolici in tutta Europa aspettano da noi esempio, e ci preparano applausi e soccorsi. Noi dunque concorde volere, noi sdegno generoso, noi magnanime speranze, noi armi giuste perché necessarie, formidabili perché impugnate per la patria e per gli altari. Il papa ci benedice, Spagna ci appoggia, la discordia dei Grigioni ci favorisce. Se l'occasione fugga, chi più la raggiungerà? Chi non vuole quando può, non può quando vuole. Torna meglio morire una volta che tremar sempre la morte. Cadremo colle armi alla mano? Il mondo ci compassionerà, ci ammirerà come martiri, come eroi. Sopravviveremo alla ben condotta impresa? Quanto sarà dolce nei tardi nostri anni dire ai figli ed a chi nascerà da loro: "Noi pugnammo per la patria e per la fede: se liberi, se cattolici voi siete è merito nostro".

Applausi non mancano mai a chi parla alle passioni più che alla ragione, e non tardarono ad entrar tutti nel parere più violento. Si faceva grande appoggio sulle armi e sui maneggi dei Planta, si sperava dai Cantoni cattolici; "Ribellione (diceva il capitano Guicciardi) si chiama il macchinare e non compiere l'impresa". "Non mancheranno ragioni (esclamava Anton Maria Paravicini) se non mancherà la forza di sostenerle". "Tolgo sopra di me (soggiungeva il valente giureconsulto Francesco Schenardi), il mostrare al mondo che abbiamo diritto d'esser liberi ed indipendenti".

Ma come operare il gran fatto? Levarsi in arme, proponevano alcuni: intimare ai Grigioni di partirsi, ai nostrali di convertirsi alla fede; dar mano agli *ispazzinanti* della Rezia per abbattere la parte ereticale, e chiusi nei propri monti, respingere le armi che venissero per soggiogarli. Ma "No no (gridava il dottor Vincenzo Venosta), non è più tempo di mezzi consigli. Le ingiurie contro i principi non si cominciano per farsi a mezzo: chi trae contro i padroni la spada, getti il fodero, né ponga speranza che nel proprio valore. Or che clemenza? che discorrere di diritto e non diritto, di pietoso o di crudele, quando si tratta di salvare la patria e la religione? Non sono costoro che uccisero Biagio Piatti ed il santo arciprete Nicolò? Che chiesero a morte i migliori di noi? Che congiurarono per iscannarci tutti inermi? Volti Iddio sovr'essi il loro consiglio, e si scannino fino ad uno quanti eretici dannati al demonio vivono in mezzo all'ovile di Cristo. Se noi li uccidiamo, se ne parlerà alcun tempo, indi scaderà fin la memoria loro: se vivi li lasciamo, continueranno a darsi attorno, cercando a noi nemici, a sé vendetta. Gusti il popolo la voluttà del sangue, e sia suggello al voto di eterna nimistà con questi esecrati padroni". Quel caldo parlare vinse i ritrosi pareri, e fece precipitare la bilancia dei consigli esagerati. Onde, accesi tutti in gran volontà di un passo terminativo, serrandosi le mani con quella potenza che è data dall'accordo delle volontà, giurarono ridurre le vendette ad un colpo e fare a pezzi quanti eretici natii o stranieri, fossero nella valle. E senza punto frammettere, venne spedito il capitano Giovanni Guicciardi di Ponte per amicare il cardinale Federico Borromeo, il duca di Feria e gli altri magnati del governo milanese. Nel che riuscito a poca fatica, ed avutone anzi 3000 doppie,(67) assoldò esuli e gente d'ogni sorta pel primo sforzo di liberare la patria.

Non crederete che, fra tanti complici, questi trattati passassero nascosti ai Grigioni: ma dagli interni tumulti occupati rimessamente provvedevano, mentre i Valtellinesi per questo appunto acceleravano vieppiù. E già avevano composto che il 19 luglio, mentre gli Evangelici erano assembrati alla predica festiva, dovessero assalirli e trucidarli nel punto stesso, truppe milanesi entrerebbero nella valle. I Planta dal Tirolo, il Giojero, già podestà dì Morbegno, dalla Mesolcina, piomberebbero sopra la Rezia. Tutti quei concerti insomma che al tavolino pajono immancabili, e all'atto svaniscono, lasciando chi vi credette in faccia alla nuda realtà. Disajutò gravemente quest'ordine esso Giojero, che ai 13 di quel mese valicò il San Bernardino, e sceso in val di Reno, difilò sovra Coira, presumendo con un avventato colpo dare buon cominciamento all'impresa: ma dai Grigioni respinto, sperperata quella sua marmaglia, fu mandato in fumo il tentativo.

Né però i congiurati fecero come sbigottiti e vinti al primo colpo fallito: anzi tenevano pronto armi, munizioni e bravi per un terribile domani. Ma di rado van piane queste pratiche. Il capitano Giammaria Paravicini di Ardenno, cancelliere generale ed uno dei più vivi in tale faccenda, dando nome di dover accudire a certi suoi poderi in Vacallo, terra nei baliaggi svizzeri, si era messo colà per far còlta di gente, con cui doveva, appena cominciata la strage, mozzare le strade del chiavennasco perché di là non venissero Grigioni in soccorso. Ora non so qual urgentissimo negozio lo chiamò di tutta prontezza a Milano, donde fece inteso a Giovanni Guicciardi come per ciò fosse mestieri dare al fatto l'indugio di otto giorni, finché spedito egli si fosse dagli affari per cui era partito. Quanto se ne turbasse il Guicciardi lascio a voi pensarlo, ben sapendo di qual momento sia un'ora sola nelle crisi d'un popolo come d'un malato. Spedì dunque per il Robustelli, che da Grossotto a Tirano in diligenza venuto, nella tinaja del podestà Francesco Venosta unitisi molto alle strette, si consultarono su qual partito fosse a pigliare al caso. Per evidenti segni appariva il loro consiglio essere trapelato ai Grigioni o per ispioni, genia non mai scarsa, o per qualche parola mal avvisata, o per quei piccoli segni che si notano quando si ha niente indizio d'una pratica. Onde, vigili in loro terrore, si erano recati in miglior guardia, avevano raddomandate dai Valtellinesi le chiavi di tutte le pubbliche fortificazioni ed armerie, rifrustavano con rigore alcune case, avevano posto su ciascun campanile chi, ad ogni primo rumore, toccasse a stormo, proibito l'uscir dalla valle e fin lo spedire lettere, tenuti ben d'occhio i caporioni, disposta una tela di cagnotti che ronzassero alle frontiere.

E appunto in queste guardie cadde un corriere, spacciato a posta con lettere dal Robustelli al Paravicini. Ciò sapevano i congiurati, ignorando però come il corriere fosse stato destro abbastanza, da gettare nell'Adda i dispacci, che avrebbero messa in luce la trama.

In così terribile intradue che fare? Fuggire, proponeva il Guicciardi, mentre lo scampare era a tempo, e serbarsi a migliore opportunità. Ma dissentivano fermamente gli altri due: essersi ormai là, dove se andasse al contrario avevano giocata ogni speranza. Già era in forza dei padroni un dei loro complici, che al domani doveva esaminarsi alla corda: e se i tormenti gli strappassero la verità? Poi se anche riuscisse a loro di fuggire, che ne sarebbe dei tanti, che per confidenza avevano preso parte con loro? Che della patria, abbandonata ad un offeso padrone? Già sono in punto d'armi molti satelliti, già il Paravicini mandò un gomitolo di 40 uomini i quali, dato che siano scarsi di numero, basteranno poco o assai a coprire il terziere inferiore. I momenti che il vile usa a fuggire, il prode gli adopra al vincere. Si tolga dunque ogni indugio al fatto, usando quell'audacia che padroneggia gli eventi.

Neppur tanto bisognava perché anche l'altro scendesse nel loro parere: onde navigando perduti, vinse il partito di dar corpo al feroce disegno, se ne andasse quel che volesse. Le terre superiori non erano da verun accattolico abitate, né i Bormiesi avevano di che lagnarsi dei Grigioni(68). Doveva dunque la strage cominciarsi a Tirano, ove aggregati i manigoldi in casa del Venosta, coll'avidità del fanatismo già pareva loro mill'anni d'essere al sangue. Appena si oscurò quella notte, trista per cielo perverso, più trista per i disegni che vi dovevano maturare, sono fuori, altri a guardare le vie perché non esca fama del fatto, altri a serragliare la strada di Poschiavo, altri a collocarsi opportuni. Poi in un sogno pieno di fantasmi e di paure, quale scorre fra il concepire d'una terribile impresa ed il compirlo, stettero aspettando l'ora pregna di tanto dubbio avvenire, con quel gelo di cuore, con quell'indicibile sospensione d'animo, che non conosce se non chi la provò. Là sul biancheggiare dell'alba quattro archibugiate danno il segno convenuto, le campane suonano a popolo, compunti il cuore di paura, balzano dal sonno i quieti abitanti, ma come all'uscire ascoltano gridare 'ammazza ammazza', e vedono darsi addosso ai Riformati, tutti sentono il perché di quell'accorruomo. Ogni cosa è un gridare, un fuggire, un dar di piglio all'armi, chi per difesa, chi per offesa, e piombare sovra i nemici, e difendentisi invano, gridanti a Dio mercé della vita e dell'anima, tra le braccia delle care donne che ponevano i bambini a pié dei sicarj per ammansarli, e tra i singulti degli innocenti figliuoli, nelle case, per le strade, sui tetti, trucidarli. Il cancelliere Lazzaroni, valtellinese riformato, fuggì ignudo su per li tetti, e s'occultò in luogo schifo; ma additato da una donna, fu finito, e con lui un cognato suo cattolico, che gli aveva dato mano al camparsi. Il pretore Giovanni di Capaul si rendette alla misericordia dei sollevati, ed i sollevati l'uccisero. Trascinarono nell'Adda il pretore di Teglio. Al cancelliere Giovan Andrea Cattaneo non valse il farsi scudo del petto di una sposa, che pur era cugina del Robustelli e del Venosta. Non al Salis vicario della valle ed al cancelliere suo il fuggire a franchigia nella casa del capitano Omodei, leale cattolico aborrente di quelle estremità. Al ministro Basso fu tronca la testa e posta, fra barbari dileggi, sul pulpito da cui soleva predicare. Ben sessanta vennero in diversa foggia scannati, fra cui tre donne, e le altre ed i fanciulli perdonati se abbracciassero la cattolica fede. Il Robustelli, entrato a Brusio in val di Poschiavo, schioppettò un trenta persone, poi mise fuoco al paese. Falò, diceva egli, per la ricuperata libertà di religione.

Che premeva a costoro? Che difendevano essi? La religione di Cristo? No, se ne falsavano il primo precetto, il supremo distintivo, amare. Era abitudine di antichi riti, era quel furore che accompagna le fazioni, era zelo iniquamente incitato da fanatici capi, che predicavano questi orrori nel nome del Dio della pace, a sostegno di una religione, che deve essere propagata con armi incolpate, colla santità degli esempj, coll'efficacia della parola e della grazia.

Guai se la plebe comincia a gustare il sangue! È un ubbriaco, che più beve, più desidera il vino. "Ripurgato così (uso le parole del Quadrio) dalla eretica peste Tirano e le sue vicinanze", si spedirono a Teglio uomini vestiti di rosso, che annunziassero il felice incammino dato all'impresa. All'avviso, i Besta corrono coi manigoldi addosso alla chiesa degli Evangelici e prima li prendono a tiri di scaglia dalle finestre, poi, atterrate le porte, a coltella li sgozzano. Diciannove rifuggirono nel campanile, e gli insorgenti, messovi fuoco, li soffocarono. D'ogni sesso, d'ogni età, fin settanta ne uccisero, fin un cattolico, Bonomo de Bonomi, perché non prendeva parte all'esecrando atto. Fin te, povera Margherita di quattordici anni, che, colla viva eloquenza d'una giovinezza innocente, opponevi il capo alle ferite dirette al sessagenario tuo padre Gaudenzio Guicciardi.

Intanto Giovanni Guicciardi levava a strage i paesi da Ponte in giù e la val Malenco e drizzava i sollevati con forte mano sopra Sondrio, sede del magistrato supremo della valle. Al governatore di colà l'usata moderazione giovò per ottenere che colla famiglia riparasse in patria. Settanta altri, di viva forza apertosi il passo tra gli assassini, fidati nella disperazione, si salvarono per Malenco nell'Engadina, e si sparsero a Zurigo, a Ginevra, a Sangallo. Tolti questi pochi, la plebe, gridando *Viva la fede romana*, saccheggiò le case, e fece orribile guazzo di sangue. Si figuri a cui regge l'animo l'orrore di quel giorno, quando ben cenquaranta furono trucidati, ed un Agostino Tassella, coll'insensata gioja del delitto, come di bellissima prodezza andava trionfante d'averne egli solo *mandati diciotto a casa del diavolo*; e un tal Cagnone si vantava pronto a trafiggere anche Cristo; e la ciurmaglia, stanca ma non satolla, facendo insane gavazze in Campello, gridava: ecco la vendetta del santo arciprete.

A Bartolommeo Porretto di Berbenno fu scritto l'ordine dell'uccisione, ma il buon uomo mostrò la lettera ai Riformati. Qual ebbe merito la sua virtù? Un furibondo Cattaneo trucidò lui e due altri cattolici: esordio alla strage dei calvinisti di colà.

La fama precorsa aveva intanto fatto agio a molti delle squadre inferiori di cansarsi. Ma quando i satelliti, messi alla posta sulle frontiere, ebbero sentore della sommossa, precipitarono a Morbegno per pigliar parte all'impresa *gloriosa* dei fratelli. Alcuni calvinisti, assicurati di salute sulla pubblica parola, furono richiamati, e poi crudelmente ed iniquamente ammazzati. I predicanti Bortolo Marlianici, G. B. Mallery di Anversa, M. A. Alba furono uccisi. L'Alessio campò con Giorgio Jenatz predicante di Berbenno ed altri. Francesco Carlini frate apostato e predicatore calvinista, fu mandato all'inquisizione, ove abjurò. Paola Beretta, monaca apostata, inviata anch'essa a quel tribunale, resistette, e fu arsa viva.

Andrea Paravicini da Caspano, preso dopo molti giorni, fu messo fra due cataste di legna e minacciato del fuoco se non abjurasse: durando costante, fu arso vivo. E si videro spiriti celesti aleggiargli intorno a raccoglierne lo spirito. Né fu questo il solo prodigio, onde le due parti pretesero che il Cielo ad evidenti segni mostrasse a ciascuna il suo favore.

Ignobili affetti presero il velo della religione, e coll'eterna iracondia del povero contro il ricco, contadini e servi piombarono sui loro padroni, i debitori su cui dovevano, i drudi sui cauti mariti. Molte donne, ancora e nella florida e nella cadente età andarono a fil di spada: Anna Fogaroli, Pierina Paravicini, Caterina Gualteria, Lucrezia Lavizzari scannate: Cristina Ambria, moglie di Vincenzo Bruni, e Maddalena Merli precipitate dal ponte del Boffetto. Ben venti nel solo Sondrio(69). Anna di Liba vicentina di sette lustri con un bambolo alla mammella, perché ritrosa a rinnegare la fede che aveva abbracciata col marito Antonello Crotti di Schio, venne in quattro trinciata. Costanzina di Brescia, giovinetta di viva bellezza, era troppo piaciuta ad un giovinastro, che chiestala invano d'amore, covò la vendetta sino a quel giorno quando di sua mano le passò la gola. Caterina si era ad onta dei fratelli, sposata in un Marlianici protestante, ed i fratelli si piacquero sfracellare il cognato, e balzare nell'Adda la miserabile che lo piangeva.

Poi per molti giorni, come bracchi entrati sulla traccia, si mettevano fuori all'inchiesta i villani con forche e picche e moschetti e crocifissi tutto insieme, facendo gesti e schiamazzi, ridicoli se non fossero stati tremendi. Le selve si mutarono in armi. I coltelli delle chete mense, le benefiche falci erano travolte al misfatto. Nelle caverne, disputate ai lupi e agli orsi, si trucidavano freddamente i latitanti. Quali perirono di fame. Tratto tratto uno sparo annunziava un nuovo assassinio. Non v'è così solitaria valle, ove tu non possa dire: qui fu versato sangue. Non eco di quei taciti poggi, che non abbia ripercosso ì miserabili lai di moribondi. E fortunato chi moriva di primo colpo, senza vedersi scannate innanzi le persone care, senza bevere a sorsi una morte disperata, straziati a membro a membro, coi visceri divelti, col corpo spaccato dalla polvere accesa nella gola... Vien meno la virtù della favella a descrivere quell'orribile arte di strazio. Deh quante vedove fece quel giorno! Quanti orfani! Quanti nodi d'amore barbaramente troncati!

Che più? Fanatici frati, sacerdoti del Dio che perdona, aizzavano la moltitudine, quasi non credessero poter essere zelanti senz'essere feroci. Battista Novaglia a Villa tre di sua mano ne scannò; frate Ignazio da Gandino venne a posta da Edolo; l'arciprete Paravicini inanimava i suoi Sondriesi a tuffarsi nella strage dei fratelli; il Piatti, curato di Teglio, attaccò il dottor Federici di Valcamonica, *e fatto il segno della croce quale portava nella mano sinistra e una spada nella destra, ammazzò detto dottor Calvino con altri seguaci*; il domenicano Alberto Pandolfi da Soncino, parroco delle Fusine, con uno spadone a due mani guidava il suo gregge a trucidare i fratelli di quel Cristo, che aveva detto: *Non ucciderai*. Il *Sacro Macello* e allora e poi fu lodato come santo e generoso da storici, da principi e da papi(70). Ma al secolo mio, al secolo che pure macchiò le mani di sangue e di che sangue, e di quanto, io non ardirò domandare se possa lodarsi quella impresa: domanderò solo se possa scusarsi. Grave è l'oppressione dei reggitori, cara la religione in cui si nacque, siano vere le vessazioni tutte, finanche la congiura: ma era d'uopo scannare i nemici? Avvisati del pericolo, non bastava provvedere alla difesa? E volendo pur togliersi di suggezione, non si poteva intimare ai Riformati che abbandonassero quella terra? Intimarlo con quella potente concordia, a cui nulla possono negare gl'imperanti? Che dirà il lettore quando saprà che dei 600 uccisi (l'appunto non si può dire essendo chi li scema e chi d'assai li cresce) poche decine erano Grigioni, gli altri indigeni o rifuggiti d'Italia? Ma l'età si era rifatta barbara. Sull'Italia, la prima svegliata, tornava la notte dei mezzi tempi, e ve l'addensavano gli stranieri suoi dominatori. Poi di tempo in tempo si getta fra i popoli un furore, simile alle epidemie, durante il quale ogni riparo di ragione, ogni consiglio di prudenza esce indarno. Quasi per una adamantina fatalità, bisogna che si compia il reato, che si colmi la misura, per lasciare poi ai popoli il pentimento quando dalla colpa e dal delirio vedono germogliare inevitabili la miseria, l'oppressione, il tristo disinganno e il tardivo pentimento.

CAPO V

La Valtellina indipendente—Invasa dai Grigioni—Politica delle potenze—Battaglia di Tirano—Governo della Valtellina—La Valtellina resa ai Grigioni—Lamenti—Il trattato di Milano è cassato I Grigioni espulsi dalla Valtellina—Invasi dagli stranieri—Riconoscono l'indipendenza della valle—Ne spiace alle potenze—Ambagi diplomatiche—La valle consegnata ai Papalini—Occupata dai Francesi—Trattato di Monson.

Il primo respiro da una lunga oppressura sembra un trionfo per i popoli, e facilmente si persuadono che la felicità d'una subitanea riuscita sia tutto merito proprio, e rimanga compiuta l'opera, mentre appena fu incominciata. Ma a vincere basta talvolta l'impeto, a conservare ed ordinare la vittoria si richiedono senno, concordia, abnegazione, virtù rarc in ogni tempo. E quella perseveranza che è il più difficile eroismo. Quante rivoluzioni felicemente iniziate, non vedemmo noi o fallire il momento dopo per inettitudine degli uomini, o riuscire a meschinissimi effetti per l'accorto aspettare dei nemici, e per la improvvida fiducia dei trionfanti?

Quelle gioje così vivaci e così spesso fuggevoli, furono gustate allora dai Valtellinesi, i quali, dichiaratisi indipendenti, scancellate le impronte della retica dominazione si diedero un governo provvisorio, e cominciarono a far decreti. Presero al fisco i beni dei Grigioni, restituirono la patria agli sbanditi, i possessi alle chiese. Chiamarono frati a predicare e confessare, accettarono il calendario gregoriano, la bolla in *Coena Domini*, il concilio di Trento. Invitarono il vescovo a far la visita, stabilirono l'inquisizione contro gli eretici, levarono il seminario acattolico, indi, con larghe proferte, trassero dalla loro i Bormiesi. Più allora che mai saria convenuto a questi osservare quel loro statuto *de comunione non habenda cum Valle Tellina*, ma i politici, sperando che i passi delle regie truppe, *quasi al tocco d'un Mida, convertirebbero in oro perfino le rupi*, e i devoti per essere *quella santa rivoluzione a Dio dedicata,*(71) indussero i Bormiesi a prendere quel che chiamavasi il partito santo, il partito di Dio.

I Valtellinesi, in generale ragunata, sortirono al grado di capitano generale della valle, e governatore, Giacomo Robustelli, con 200 scudi il mese "per aver cominciato l'impresa di nostra libertà con sue gravi spese e danno", suo luogotenente il Guicciardi. Sentendo il vicino pericolo, sfondarono i ponti, bastionarono paesi, si rassodarono di uomini, armi, danaro, nervi della guerra. Mandarono ambasciatori a quanti erano di momento in quell'affare, ai Cantoni svizzeri, al nunzio apostolico in Lucerna, al papa, all'arciduca Leopoldo d'Austria, e lettere particolari di gran calore a tutti i popoli cattolici, dando pieno conto del fatto loro per loro giustificazione(72). Anche ad Andrea Paruta, generale veneto di terraferma, spedirono per sincerarlo ed imbonirlo: ma furono accolti a dir poco, freddamente. E Venezia, salda coi Grigioni e malvolta verso i sollevati, richiamò dalla Valtellina tutti i suoi sudditi, e allestì di armi il confine. E in generale s'aveva poca simpatia per assassini, e spiaceva la prevalenza che Spagna veniva ad acquistare.

Che il governatore di Milano avesse notizia della meditata sollevazione, non si può dubitarne. E come altri ai dì nostri, avrà accarezzato il tentativo con quelle parole che non legano il forte, eppur dal debole sono accettate per promesse. Sciagurati i popoli al momento che su quelle debbono contare. S'appoggiarono a una canna, e questa si ruppe e straziò loro la mano. E i popoli invece di confessare d'essersi ingannati, incolpano altrui e gridano all'inganno e al tradimento.

I Valtellinesi più sempre tenevano raccomandati al duca di Feria i soccorsi che dicevano promessi. Ma questi stava colle mani giunte, o temesse far manifesto d'aver sin da prima intesa coi Valtellinesi, o volesse attendere finché con qualche bel fatto avessero dato segno di valore, prova di fermezza, speranza di esito prospero, e mostrato se dovesse il mondo chiamarli ribelli od eroi.

Il successo era stato in questo mezzo udito gravissimamente dai Grigioni in Chiavenna, i quali in grosso numero trovandosi, ebbero tempo di pararsi in difesa, steccare gli accessi, farsi prestare dai Chiavennaschi giuramento di durare in fede. Ond'è che quella parte rimase immacolata di sangue. Il governo grigione poi, avutone avviso, si affrettò a far piangere amaro il fatto ai Valtellinesi, e a ciò chiese l'aiuto dei confederati. La lega grigia era quasi tutta cattolica, e impediva i provvedimenti contrari ai propri fratelli di religione. Talché rifiutò le armi, e solo la lega Cadea e le Dritture si ordinarono a vendetta e, sotto Giovanni Guller ed Ulisse Salis, 3000 uomini spedirono per lo Spluga a Chiavenna, e per Chiavenna in Valtellina. Il Robustelli e gli altri capi volevano mostrarsi degni del primo posto coll'adoprar vivamente a raccogliere difensori, sperando che l'ardore adoprato nella subitanea sommossa durerebbe alla lunga difesa. Ma pericolosa e inutile è quella che si fa tumultuariamente e senza ordine, e il popolo precipitoso, sconsiderato, che piglia l'armi in fretta, in fretta le gitta. I Grigioni, o schivando, oppure valorosamente superando le opposizioni, grossi ed impetuosi investirono Traona, occuparono il ponte di Ganda, e varcato su quello l'Adda, voltarono difilato sopra Sondrio, dove altri giungevano da Val Malenco. Sondrio, abbandonata di soccorsi e imperfetta di mure, non potea, non che una regolare oppugnazione, neppur reggere una battaglia di mano. Onde i cittadini, credendo, come si fa delle male nuove, ogni cosa peggio del vero, e ripieni di presentimenti funesti per vedute meteore, determinarono abbandonarla, ricovrandosi ad Albosaggia, terra montuosa sulla sinistra dell'Adda, ove potrebbero ancora difendersi col fiume e coi ridossi. Miserabile spettacolo, vedere le lunghe file degli abitanti con infinito sbattito d'animo, seco trascinare quel che di più caro avevano, e piangere e desolarsi. E l'affetto di quelli che dovevano abbandonare gli infermi e i vecchi, e le povere monache di San Lorenzo, uscite dall'asilo ove si erano ripromessa pace perpetua, venire, alla guida dell'arciprete Paravicini,(73) attraverso ai monti per ricovrarsi a Como. Entrarono i Grigioni in Sondrio, uccisero due infermi trovati, e n'ebbero i mirallegro da alcune donne salvatesi col fingersi cattoliche, e le quali ora gettavano ai loro piedi i rosarj e gli scapolari di che s'erano fatto scudo.

Ho sempre creduto il più inutile uffizio della storia il divisare per minuto i casi delle guerre. Tanto, mutati i nomi, è uniforme questa scienza dei figli di Caino. Da per tutto invasioni e fughe, incendj di paesi, racquisti, vittorie, sconfitte alterne, sangue, lacrime, terrore, desolazioni d'ogni parte. Stando ai sommi capi delle cose, dirò come il Feria, veduto che ai Grigioni davano soccorso ed i Cantoni protestanti e la Repubblica di Venezia, mandò giù la visiera, gravò il Milanese in 900.000 lire, ottenne che Madrid dichiarasse la valle sotto la protezione reale, e bandì inimicizia e guerra ai Riformati. Aggiungeva legna al fuoco Paolo V papa, che offrì 80.000 scudi d'oro, bramoso di mettere una barriera all'eresia. Si udirono i predicatori in Milano esortare i fedeli all'impresa, che denotavano col titolo, così spesso e stranamente abusato, di crociata.

Tutta Europa si mise in ragionamenti di politica per quell'angolo d'Italia, piccolo sì, ma che, per la sua postura, faceva gola a troppi potentati. Imperocché la Valtellina, come dicemmo, dall'estremo occidentale tocca il Milanese, dall'opposto il Tirolo; gli altri due lati confinano coi Veneziani e coi Grigioni; ed è noto che allora un ramo austriaco imperava in Germania, un altro nella Spagna, nel Nuovo Mondo e in tanta parte d'Asia. Immensi possessi, tra cui andavano perduti il Milanese e il Napoletano. Cadeva la Valtellina alla Spagna? Ecco aperto e spedito un passo, onde tragittare qualunque esercito dalla Germania in Italia, volessero o no gli Svizzeri ed i Grigioni. Che se in tal modo si fossero dato mano i domini austriaci dalla Rezia fino alla Dalmazia, avrebber tolto in mezzo la Venezia e gli altri Stati Italiani, impedendo a questi i soccorsi esterni, e divenendo arbitri della Penisola. Veniva poi il papa, sperando in quel torbido pescare grandezza alla Chiesa od ai nipoti; veniva la Francia ingelosita della baldanzosa potenza austriaca, come la chiamava il Richelieu. Dall'altra parte i Riformati della Rezia, di Svizzera, di Germania, d'Olanda, fin d'Inghilterra, sostenevano, per interesse di religione, gli antichi dominatori: i predicanti, in ogni paese, narravano ed esageravano l'assassinio, chiedendone vendetta, a nome non solo della fede, ma dell'umanità. Non è dunque meraviglia, dice il Capriata, se, come per la bella Elena i Greci ed i Trojani, così per la Valtellina i principi, con tutto lo sforzo dell'imperio e dell'autorità, si travagliassero.

I Valtellinesi come seppero che il re cattolico li aveva presi sotto la sua protezione, alzarono bandiera spagnuola, se non disciplinati, certo arditi all'opera, e mentre alcune truppe del Feria passavano nella Geradadda, per fare una diversione ai Veneziani, altre salirono nella valle, rammezzarono ai nemici la marcia, difesero Morbegno, ripresero il ponte di Ganda, e don Girolamo Pimentello, generale della cavalleria milanese, munì i passi, occupò la riva di Chiavenna, talché i Grigioni dovettero ripassare le Alpi retiche. Non già per restare dalle offese, ma per rinfocarle. Imperocché, accresciuti dall'oro veneziano e dai soldati svizzeri, piegando su per il lungo dell'Engadina riuscirono, per la valle di Pedenosso, a sboccare sopra Bormio in numero di 7.500, e chi dice fin di 12.000(74) soldati. Avevano mandato innanzi Giovanni Scinken cancelliere di Zug, persona di gran ricapito, a cercare i passi dai Bormiesi. Ma alcuni, còltolo fra le gole, lo scannarono e seppellirono con obbrobrio. Fu olio a fiamma: i Grigioni, più inacerbiti, piombarono sul paese, ed unendo cupidigia e crudeltà al fanatismo religioso, si piacevano profanare quanto i Cattolici avevano in venerazione, nella marcia vestire piviali, tunicelle e cotte, sfregiare e bersagliare le imagini devote, illaidire i lavacri battesimali ed il sacro pane, coi crismi ungersi gli stivali, mutilare sacerdoti, menar danze nelle chiese al profanato suono degli organi, usare a desco i calici e le patene: empietà che, per gli animi commossi, non potevano succedere senza sangue.

Incontro a loro si erano mossi i Valtellinesi e gli Spagnuoli col Pimentello, traendo anche le artiglierie del forte di Fuentes. Varie incomposte avvisaglie dapprima: poi grossa e brava battaglia si fece a Tirano, ove ben otto ore durò un tremendo menar di mani, finché i Valtellinesi ebbero la migliore. Oltre 2.000 fra Grigioni ed ajuti si dissero periti chi di ferro, chi nell'Adda, fra i quali il colonnello Florio Sprecher. Il prode Nicola da Myler, capo degli ausiliarj bernesi, in sul partire per la guerra, toccando i bicchieri coi suoi amici, aveva promesso di riportar loro tante chierche di papisti, quante anella contava una lunga catena d'oro, che gli pendeva dal collo. Ucciso lui, quella catena fu mandata in dono e trofeo al governatore Feria. Cinquanta Spagnuoli si divisero le spoglie di Bormio e 30.000 ducati della cassa militare. Memorabile vittoria, la quale, anzichè al valor confidente di chi combatte per la patria e per la religione, il popolo devoto volle ascrivere a prodigio del Dio degli eserciti, asserendo che la versatile statua dell'arcangelo Michele, posta sul pinacolo del santuario della Madonna, per quanto durò la pugna, si tenesse rivolta, benché contrario spirasse il vento, contro ai Grigioni, vibrando minacciosamente la spada. Il Feria fece stampare tal prodigio, e lo mandò a Madrid, insieme con una imagine dei ss. Gervaso e Protaso, che sulla facciata della chiesa di Bormio, fatta bersaglio delle fucilate, ne era rimasta illesa.

I Grigioni più che di passo ripiegarono verso Bormio, indi in patria: avendo prima con insoliti ed aspri consigli irritato i loro soggetti, poi con armi insufficienti mostrato incapacità di ritornarli alla rotta pazienza. I Valtellinesi sbarrarono quel calle con una fitta muraglia. Altre ne eressero a Tirano, a Sondrio, a Morbegno e gli Spagnuoli rimasero a tutela.

Ma tutela migliore fu il mettersi della vernata, che chiuse di nevi e ghiacci tutti i passi. Onde, sostando il pericolo, la Valtellina, come libera di sé, in universale assemblea, si recò in mano tutta l'autorità del governo, nominò i magistrati e pose fra i primi un rappresentante del ducato di Milano. Rese le monache ai conventi, riconsacrò le chiese, disperse le ossa degli eretici, promise di tutto soffrire, anziché tornare alla distrutta dominazione; ed entrò in quel secondo stadio delle insurrezioni, dove gl'intriganti sottentrano ai convinti.

Mentre l'inverno quetava la guerra delle armi, risvegliava una guerra di penne fra i gabinetti, agitandosi il destino della valle da politici, da giureconsulti, da teologi e da quei tanti che ponevano in campo ragioni sopra di essa. Né dormiva la Valtellina, mandando al papa, ai re, alle repubbliche, affinché la conservassero indipendente. Più che i soccorsi e la diplomazia a gran vantaggio le tornavano i lunghi odii civili delle Tre leghe, ove Cattolici e Riformati litigavano fieramente, in apparenza per dissenso religioso, in fatto per i raggiri della Spagna e della Francia, che volevano far prevalere ciascuna il proprio interesse. A maneggi e ad armi soprastettero in fine i Cattolici, ed il Feria usò pienamente questa sbattuta a pro della sua corona, lasciando, come spesso accade, i fiacchi nelle peste, e conchiudendo in Milano una perpetua lega, a condizione che la Valtellina tornasse ai Grigioni con buoni patti, e i Grigioni concedessero libero passo alle truppe spagnuole.

Quanto la lega grigia, cattolica di sentimento, si tenne lieta di questo accordo, altrettanto le altre due, singolarmente la bassa Engadina, la avversarono sollecitate dai Veneziani e dai Francesi che, per non lasciar crescere la Spagna, volevano rialzare i Reti, e restituire loro la valle in pieno diritto. Anche i predicanti schiamazzavano contro quel capitolato, onde si ruppe a baruffa, ed il Feria mandò armi che sostenessero la guerra fraterna. La quale scoppiò nel marzo, ed i Riformati, dati nell'armi e nel sangue in Engadina, ritolsero Tosana ai Cattolici. Gli assaliti in gran terrore mandarono verso Bellinzona le loro masserizie; ma sebbene i Riformati respingessero fin là alcuni Borgognoni venuti a difesa dei Cattolici, in fine la fortuna si volse a pro di questi, che ajutati dai Luganesi, ricacciarono gli assalitori.

Allora i potentati e Gregorio XV succeduto papa ed informato da persone gelose dell'austriaca potenza, scrissero al re di Spagna contro il Feria, quasi fosse turbatore della comune pace, supplicandolo perché rendesse le cose di Valtellina in punto di comune soddisfazione.

Giunsero le lettere quando il re stava negli estremi di sua vita, e corse fama che nel testamento egli legasse al figlio ed erede suo l'obbligo di restituire la valle ai Grigioni. In fatto l'imbecille Filippo IV successogli, perché non paresse occupare l'altrui, né soperchiare la libertà italiana, stabilì in Madrid che la valle ritornasse ai Grigioni nell'antico assetto di cose, demoliti i forti, levati i presidii, perdonata la ribellione: il re di Francia, gli Svizzeri e Vallesiani stessero mallevadori per i Grigioni.

Pensate qual dire ne facessero gli insorgenti, fomentati forse dalla Spagna a rivoltarsi ed or dalla Spagna consegnati ai nemici! Mormoravano che il Cattolico avesse condisceso fiaccamente alla moglie, sorella del Cristianissimo. Spedirono uomini a posta a dire, a pregare, a lagrimare. Sposero anche al re cattolico gagliarde significazioni in una lunga supplica, della quale questi erano i sensi e quasi le proprie parole(75): "Soffra la serenissima vostra maestà che noi poveri clero e cattolici di Valtellina veniamo supplichevoli in atto ad umiliare nostre ragioni ad una corona, che degnò prenderci in protezione; ad una corona che ha per primo fregio la santa croce ed il titolo glorioso di cattolica. Tardi, e ce ne rincresce, le abbiamo dichiarate le nostre querele, sicché la M. V. mal informata, (lasci pur dirlo) sì per la politica, sì per la religione, trascorse a concedere qualche speranza ai pravi eretici Grigioni di ripossederci. E dalla religione cominciando, la quale più deve stare a cuore alla M. V., che, sull'esempio de' gran padri suoi, tanto adoperò per conservarla pura, resti servita di considerare in che pessima guisa sieno corse le cose da quando cademmo sotto il giogo di quel popolo, barbaro di costumi, empio di fede. Sarebbe un non finire mai l'annoverare le vicende nostre, già per abbastanza relazioni fatte note al gran teatro del mondo, talché ormai de lamenti son nojati coloro, che non provano il martello di queste acerbe disavventure: ruine, demolizioni di chiese: mutati i templi di Dio in *baserghe* d'abominazione: i sabati volti in obbrobrio: il santo Nicolò Rusca tratto al martirio: quanti Cattolici avevano fermezza, perseguitati, cacciati: istituite scuole d'empi dogmi, sicché potevamo dire con Isaia: La vite s'infiacchì, gemettero quei che giubilavano perché trasgredirono la legge, mutarono il diritto, dissiparono il patto sempiterno. Non più onore al culto, non più il dovuto rispetto alle venerabili immunità del clero, al quale il gran Costantino, specchio singolare degli imperanti, come vedesi chiaramente in Rufino 1. X c. 10 dell'istoria Ecclesiastica, aveva detto: *Dio costituì voi sacerdoti, e vi diede podestà di giudicare anche noi regnanti, e quindi noi giustamente siamo giudicati da voi, ma voi non potete essere giudicati dagli uomini, perocchè dal solo Iddio voi aspettate il giudizio.* Che più? I Grigioni, li cui consigli Dio perda tutti così, avevano ultimamente fatto trama di sagrificare fino ad uno i Cattolici per radicare la scellerata eresia dell'empio e maledetto Calvino in questa bella Italia, ov'è (al dir del poeta) la sede del valor vero e della vera fede.

"Così tollerarono i Valtellinesi, lo sa Iddio, fin all'estremo, quando si stancò la loro longanimità; e dalla schiavitù di Babilonia aspirando alla libertà della vera Gerusalemme, fecero siccome Giuditta che trucidò il nemico della sua patria, siccome i Macabei che s'armarono contro gli Assiri, siccome i savi di Giuda che si tolsero all'ubbidienza di Joram re, perché *dereliquerat dominum Deum.* Il Signore, che per far molto non ha bisogno di molti, avvalorò con evidenza di effetti il braccio di quelli, che avevano posto mano all'aratro senza guardarsi indietro. I re, gli infallibili papi autenticarono la santa impresa, colla quale ci togliemmo dal collo il retico e l'eretico giogo. Quali furono l'opere nostre dopo che, ajutante Dio, ci vendicammo in libertà? Rimettere in onore i santi ed il clero, introdurre il calendario gregoriano, proclamare il sacrosanto sinodo di Trento, ristabilire il santo uffizio dell'inquisizione, ottimo a tutelare la fede.

"Ed ora crederemo noi che la M. V. abbia fatto alcuni capitoli per ritornare questa mondata terra di Gessen nelle mani d'eretici perversi, i quali, siccome avevano fatto del loro paese una Babele di discordie, una Tebe di tragedie, così dal nostro avevano cacciato la quiete, la pietà e poco meno che la religione? Volete dunque si rinnovino tutti gli abomini, si cancelli quanto di santo e di cattolico fu introdotto dopo il '20, torni la nostra patria un rifugio ed un seminario di Calvinisti? Né vi ricorda quant'oro e quanto sangue abbiano sparso i vostri gloriosi antipassati per conservare pura la ss. religione? Né vi ricorda che poc'anzi, ricevendo la corona, avete giurato a Dio ottimo massimo di proteggere la fede romana, e di estirpare le eresie?

"Vi avranno forse detto che la Valtellina spetta per diritto a' Grigioni. Falso, falso giacché quella spontaneamente in torbidi giorni si strinse in lega coi Reti: e solo dopo che l'uomo inimico seminò la zizzania e l'eresia, che ha per base la ingiustizia ed è nemica de' legittimi e madre de' tirannici imperii, questi mutarono la confederazione in padronanza, e ci fecero come schiavi stare così, che non potevamo star peggio. Fu dunque non ribellione la nostra, ma un richiamo alla preziosa e imprescrittibile libertà. Però avessero pure avuto i Grigioni diritto sopra di noi: chi non sa come, per comune sentenza de' teologi non si sia nodo gordiano di suddito, di padre, di fratello così tenace, che l'eresia, come spada d'Alessandro, non lo recida? Per questo la santa memoria di Gregorio IX *ae haereticis capo ultimo*, assolse d'ogni debito di fedeltà verso un padrone caduto in eresia: e Lucio papa, *ad abolendum statuimus*, ordinò si scaccino gli eretici sotto pena di scomunica.

"O forse a questo fare si indusse la M. V. pel desiderio del bene e della quiete di questa valle? Qual bene! Quale quiete! Se i Grigioni tanto aspramente ne trattavano in buona pace ed in sicurezza d'amore, che non faranno tornando irritati col ferro alla mano, sopra un popolo vinto ed abbandonato? Si rinnoveranno gli orrori del tribunale di Tosana; faranno più che prima alle peggiori per la vita, per la roba e (quel che più ne importa) per la religione; né sarà cosa che non si credano lecita dopo che quei valorosi campioni, i quali, con singolare sdegno di zelo e di ragione, restituirono la libertà alla patria, la quiete alla fede, saranno stati scannati sull'altare della vendetta, senza poter neppure dire, ohimé! *Difficilimum imperare nolentibus*: noi parliamo esperti, e tutti siamo pronti a morire (e ne fossimo degni!) per la santa religione. S'eterneranno adunque gli sdegni fra sudditi e signori, e di tutto che ne potesse nascere, Dio chiederà conto alla M. V. Né v'impedisca la promessa legata a coloro, giacché niuno è tenuto a portar fede agli infedeli. Bensì ponete mente alla perfidia de Grigioni a mille segni palesata; che cacciarono i ministri, vilipesero i legati, uccisero i soldati vostri. E voi li premierete a danno de' Valtellinesi, fedeli a voi quanto Dio vel dica?

"Deh piuttosto, se albergate alcuno spirito di pietà, movetevi in favore d'un paese, che solo da Voi, dopo Dio, spera salute. E noi siamo italiani di nome, di lingua, di costumazione, di generoso sentire: e sopra noi s'inazzurra il limpido cielo di quella bella Italia, ov'è sì grande il nome ed il potere di V.M.. Perché da quella separarne? Perché tornarci al giogo che la Dio grazia scotemmo, anziché formare di noi fedeli vassalli, che benedicano in eterno alla vostra bontà? Prostrati in umilissimo aspetto, colle ginocchie a terra, con tutte le viscere del cuore e pel sangue del Figliuolo di Dio, noi vi esortiamo *ne tradas bestiis animas confitentium Deo*. Trovi la M. V. come comporre la pubblica tranquillità: ma deh non ci tradiscano le mani, in cui a confidenza ci siamo noi posti. Mantenga questa porta d'Italia senza macchia né ruga di eresia, e non che a' suoi ventidue regni, che il Cielo conservi, ma al mondo tutto faccia manifesto, che è propriamente quale si intitola, difensore principalissimo della santa, cattolica, romana religione". Queste ragioni, esposte cogli ingredienti d'allora come cogli ingredienti d'adesso si fanno i proclami e gl'indirizzi odierni, giravano colle stampe, e quantunque non lasciassero i Grigioni di rispondervi(76), pure furono di qualche momento presso il re di Spagna; e forse egli aveva acceduto a quel trattato soltanto per gettare polvere negli occhi, e studiava del come snodarsene; tanto più dopo che gli fu, a prove di consigli e di valore, mostrata la fermezza dei Valtellinesi. E la fortuna mandò tempo al suo disegno: perocchè adunatasi in Lucerna la dieta svizzera cattolica, vi si presentarono i Grigioni dando l'atto del perdono generale alla Valtellina, e chiedendo la restituzione di questa. Il Tommasini inviato di Spagna, o vi fossero di fatto o volesse vederli, notò dei cavilli in quell'amnistia; e gli Svizzeri, forse abbagliati dai dobloni di Spagna, ricusarono interporsi mallevadori, e così l'accordo andò sturbato.

Allora di nuovo sulle armi i Grigioni: e sicuri d'avere chi li secondava al lembo del bergamasco e del bresciano, fatto massa, irrompono nel bormiese con 12.000 soldati, saccheggiano, mandano a fil di spada e di vergogna, colla crudeltà di barbari e fanatici vincitori. Ma il governatore Feria si era inteso coll'arciduca Leopoldo, il quale già al primo tumulto avendo fatto capo nel forte di Santa Maria nella tirolese valle di Monastero (*Munsterthal*), tosto invase i retici confini. Il Feria stesso veniva su per la Valtellina, accolto a stendardi sciorinati, a saluti di trombe, d'artiglierie, di campane, acclamato il protettore, il liberatore. A Sondrio il Robustelli gli fece comodità della sua casa, ed il padre maestro Cherubino Ferrari Legnani teologo carmelitano recitò, poi stampò un *elogio a perpetua memoria et a gloria immortale de l'ill. et eccell. sig. il sig. D. Gomez de Figueroa et Cordova, duca di Feria ecc. per l'heroica et santa impresa d'aver cacciati gli eretici dalla Valtellina*, ove colle ampolle proprie di quella età, vien dicendo come la Valtellina gli erge a perpetua memoria un monumento, ove archi sono gli intelletti dei popoli, piramidi le memorie, trofei le volontà, statue i petti, colossi i cuori.

All'ancipite pericolo si erano i Reti ricoverati in casa, e gli Spagnuoli inseguendoli, avevano stimato bene mettere il fuoco a Bormio, bruciando settecento case, e tredici sole lasciando illese! Tanto e amici e nemici parevano in gara di far male. Ripiegò poi il Feria sopra Chiavenna, e snidatine i Grigioni, li perseguitò per Val di Reno e per la Pregalia.

Ecco maturato per i Grigioni l'amarissimo frutto di loro dissensioni. I Planta, capi della parte cattolica e spagnuola, scacciati, chiamarono vilmente le armi straniere contro la patria: onde l'arciduca d'Austria per la valle di Monastero mandò il generale Baldiron con 10.000 uomini ad occupare l'Engadina, e Coira stessa. D'ogni parte venivano cacciati gli eretici, presa vendetta delle antiche ingiurie, respinti i Salis; e dopo scene compassionevoli di assassinii fraterni, le Dritture furono staccate dalla Rezia e poste a dominio austriaco.

Fra il terrore delle spade straniere e lo scompiglio della guerra intestina, i Grigioni, oramai non più capaci di sé, dopo essersi ostinati in tempo, dovettero cedere fuor di tempo, ed ai cenni del vincitore stipularono in Milano una perpetua confederazione colla Spagna, concedendo i passi liberi alle truppe di questa. Quanto alla Valtellina, avesse piena ed assoluta libertà civile e religiosa, pagando il tributo di 25.000 scudi. Acattolici non vi potessero dimorare, e dentro sei anni dovessero vendere quanto vi possedevano. L'arciduca manderebbe alla valle un commissario per rendere la giustizia. Chiavenna, sgombrata dagli Spagnuoli, fu ceduta ai Grigioni. Ma poiché questi non mandavano ufficiali che tenessero ragione, i Chiavennaschi si providero d'un governo lor proprio.

Così parevano composte le cose: ma agevolmente si conosceva che non era a durare questo assetto. Gli emuli dell'Austria, che contavano lor perdita ogni guadagno di essa, e quelli che sempre in lei videro la più pericolosa nemica dell'italiana indipendenza, la miravano troppo di mal occhio godersi alla quieta un paese così ambito, mediante il quale le era aperta l'Italia, mentre dalla Rezia poteva, per l'Alsazia e pel Palatinato del Reno, acquisto suo recente, spedire qualunque esercito nelle Fiandre ove la guerra fervea. I principi italiani ne temevano per la propria indipendenza: al duca di Savoja rincresceva che più non fosse mestieri ricorrere a lui per ottenere un passaggio ch'egli sapeva farsi pagare: ai Veneziani il vedersi rapito il frutto di un'alleanza comprata a peso di zecchini. Tutti gridavano contro gli Spagnuoli come col titolo di religione insidiassero la libertà, invadessero gli altrui possessi.

È vezzo antico degli Italiani ricorrere alla Francia nei loro pericoli, e dei Francesi il professarsi tutori delle italiche libertà. Allora pure la Francia, sollecitata dalla Savoja e da Venezia, formò una lega per la libertà d'Italia contro la casa d'Austria(77), mandò ambasciatore alla Spagna il signore di Bassompière, che prima sott'acqua poi a viso aperto, dichiarò la sua corte pronta a sostenere il trattato di Madrid, e rimettere i Grigioni in possesso della Valtellina. Il re di Spagna non voleva udirne. Pure per non crescersi altri nemici, calò ad un di mezzo, cioè di consegnare in serbo i forti della valle al papa, il quale dovesse custodirli con genti proprie, ma a spese della Spagna, finché le due corone vi prendessero su un partito decisivo.

Infatti Orazio Ludovisi duca di Fiano, nipote di Gregorio XV, occupò i forti coi papalini, cioè con una mano di banditi e di ribaldi.

Di questo partito seppe assai male al *partito santo*, che vedevano prepararsi lo sdrucciolo per restituir la Valtellina, salvo il decoro della Spagna: ma misero chi non ha dal canto suo che la ragione, e commise le proprie sorti a fede di re e a maneggi di diplomazia! Sapeva pur male ai Veneziani cotesto incremento fosse del re o del papa(78). Si lamentavano, e il papa destreggiava rispondendo sulle generali, lasciando però trapelare come volentieri costituirebbe di quel paese un principato ai suoi parenti.

Fra tali macchinazioni Gregorio XV morì, e gli successe Urbano VIII, propenso alla Francia. Era egli appena sublimato al sommo degli uffizi, quando in Avignone, città francese obbediente ai papi, si combinò lega tra Francia, Inghilterra, Danimarca, Venezia, Olanda, Savoja ed i principi di Germania a danno della Spagna e dell'imperatore, singolarmente per costringerli a restituirle il Palatinato del Reno e la Valtellina: tanto di generale importanza questa pareva! Dovevano i collegati movere guerra di conserto in ogni punto, fin nell'America e nelle Indie: il re di Francia intanto assalirebbe il Milanese, susciterebbe i Grigioni, ed entrerebbe nella Valtellina.

Il papa non appariva che vi avesse avuto parte: ma pure gran gelosia ne dava alla Spagna, massimamente che franco procedeva nelle cose della Valtellina, e messala in guardia al conte di Bagno(79), aveva fatto consegnare a questo anche Chiavenna e la Riva, non comprese nel primo accordo. Non è però che il papa fosse da vero risoluto a restituirla, avvegnaché da una parte vi repugnava l'interesse suo, dall'altra una consulta di teologi, radunata a posta, lo aveva fatto certo che non poteva in coscienza rimettere i cattolici sotto gli eretici, con urgente pericolo delle anime. Ma il re cristianissimo che, vedendo la Spagna occupatissima in guerra, voleva cogliere le rose mentr'erano fiorite, e scancellare dall'Italia l'austriaco nome, intimò al pontefice che o demolisse i forti della valle, o li restituisse alla Spagna, affinché egli potesse, senza lesione delle sante chiavi, entrare ostilmente in quel paese, siccome aveva deliberato di fare per richiamare a libertà i Grigioni, e sottrarli affatto dal giogo austriaco. Si peritava Urbano cercando tempo dal tempo, e di cortesissime parole(80) confortava i valligiani, che stavano in grande ansietà di lor futuro destino.

Se non che mentr'egli la tentenna d'oggi in domani, il re francese move a soccorso dei Grigioni. Ed era tempo, giacché i Grigioni si trovavano all'ultimo tuffo. Gli Austriaci vi avevano perseguitato i Riformati, singolarmente i ministri, soffocata ogni favilla di libertà, rapite le armi. Colonie di cappuccini d'ogni lingua furono mandate: tedeschi nel Pretigau, a Tavate, a Coira: i milanesi nella Pregalia; bresciani in val Santa Maria, e ne era sostenuto l'apostolato colla forza. Molti rimasero martiri fra questi, molti martiri fra i Protestanti(81).

Quando si volle a forza costringere quei di Pretigau ad usare alle chiese cappuccine, ruppero a schiamazzi. E questo esser troppo: "morremo senza patria, senza libertà, ma salviamo almeno le anime nostre". Fuggirono dunque nelle selve, le quali tosto si cangiarono in armerie: con falci e coltella e pesanti mazze trapuntate di chiodi corsero addosso agli Austriaci il giorno delle palme 1622, e quanti trovarono uccisero esultando fin le donne allo sterminio dei tiranni della patria loro(82).

Le armi del Baldiron e del Feria ricomposero per allora la quiete. Ma covava lo scontento, e finché un popolo non ha perduto né il coraggio che ispira l'amore della libertà, né la confidenza in sé, nulla ha perduto: gli spunterà il giorno della rigenerazione. E spuntò ai Reti, i quali sfuggendo l'oppressa patria, empivano Europa dei loro lamenti, e singolarmente facevano capo al marchese di Coevres, il quale di ambasciatore mutato in capitano, raccolse truppe, intanto che nella Valcamonica s'erano lesti gli ajuti veneziani.

Era orditura di Richelieu, il quale venuto allora ministro, avea persuaso a Luigi XIII volersi armi a sostenere e risolver i trattati. Onde all'ambasciatore di Francia che da Roma si lagnava degl'impacci attraversati a quest'affare, rispose: "Il re ha cangiato di consiglio, e il ministero di massima. Si spedirà un esercito in Valtellina che renderà il papa meno incerto, e più trattabili gli Spagnuoli".

Queste mosse non restavano nascoste al Feria, e ne invocava una providenza. Ma alla sua corte era egli scaduto di credito come primo autore di questo moto di Valtellina, che alfine non partoriva che guai. Ed il papa, dicendole sottili invenzioni spagnuole, non volle ricevere in Valtellina guarnigione austriaca. Se così pensava da vero, il fatto lo disingannò, avvegnaché il Coevres, che fu poi maresciallo d'Estrée, spiegata bandiera francese, entrò in Coira, restituì alla libertà le Dritture, cacciò il vescovo, rimise il primiero stato, e marciò sopra la Valtellina. Il 29 novembre entrò in Poschiavo, poi per Brusio fu sopra il castello di Piattamala, difeso dai soldati del papa con quel valore che li fece passare in proverbio: espugnatolo, si condusse a Tirano(83). Il Bagno, che ivi si trovava pieno d'orgoglio ma vuoto di valore, senz'altro cedette; il che se non fu tradimento, fu inescusabile viltà.

Quivi il Coevres conchiuse un trattato coi deputati della valle, promettendo gli alleati proteggerebbero il paese. Grigioni non entrerebbero nei forti, solo resterebbero finché fosse stabilito un ragionevole governo. Intanto si solleciterebbe una decisione all'affare. Il Robustelli, adoprato invano a difesa della patria, che aveva tratta in sì infelice ballo, si ridusse sul Milanese a Domaso. Il Bagno a Verceja. La valle tutta fu occupata dai Francesi, esultando quelli, cui non l'intera libertà stava a cuore ma il cambiar di signori. Il papa mosse bensì qualche lagnanza ma quietamente, cui più quietamente rispose il re di Francia, incolpando il Coevres d'avere trasceso le sue commissioni. Del che un gran dire fu pel mondo: che la Francia mostrasse così poco rispetto alla santa sede? Che voltasse contro di essa le armi dopo solennemente impegnata la fede sua di nulla innovare in Valtellina? E che il papa fosse così cieco del fatto suo, da trascurare gli avvisi del Feria, e prima del riparo attendere il colpo? E di poi si lamentasse così debolmente? E conchiudevano che Urbano se la passasse d'intesa colla Francia, o perché, non essendo uomo da nipoti, non trovasse di verun pro lo spendere in tenere questi forti, o perché fosse venuto nel comune pensiero degli Italiani sbigottiti dalla crescente dominazione austriaca. Si ragiona ancora(84) che il conte di Bagno, rimbrottato della niuna difesa opposta, mostrasse brevi di Roma, ove gli era così ordinato. Ma in tempi di caldi partiti chi può scoprire la verità fra le mutue incriminazioni?

Grand'apprensione prese il Feria non volessero i Francesi, mentre l'aura era destra, calare sul milanese, e ritorre parte dei suoi a chi aveva voluto occupare i possessi altrui. A chi viene di Valtellina due strade si aprono al Milanese: una per il fondo della valle, e questa dà di petto nel forte di Fuentes, messo così opportunamente, da intercidere ogni passaggio; l'altra rasenta la montagna sulla dritta dell'Adda, per capitare al laghetto di Mezzòla e a Riva di Chiavenna, donde ancora per i monti si riesce alle Tre Pievi superiori del lago di Como. Questa strada diviene pure impraticabile se sia occupata la Riva, dove null'altro era che un'osteria ed un portico in angusto valico fra il lago ed il monte, e soverchiata da una montagnuola, dove tirando a gittata, affatto si impedisce il passare. Riuscì al Feria d'occuparla, giovato anche dalle milizie urbane comasche, e la pose in atto di difesa. A tempo: giacché il Coevres, ridotta ad ubbidienza la valle e Bormio, difilò sopra Chiavenna. Ma trovato quel cozzo, dovette ripiegare, e per iscoscese vallate, senza artiglieria, scendere sopra quel borgo, che prese dopo qualche resistenza. Di là ritorse verso Riva, ma questa piccola Gibilterra gli resistette molto utilmente. Ed invano ebbe Novate, invano occupò le alture sovraposte, donde si rotolavano macigni sulla fortezza: che anzi agli Spagnuoli venne fatto di sorprendere i Francesi, e legatili a coppia, spettacolo miserabile, li trabalzarono dalle greppe. Il milanese generale Serbelloni, con uno spadone a doppio taglio, si precipitava in mezzo ai nemici, ed a chi spaccava il cranio, a chi fendeva il ventre, a chi in due la persona; eroe se avesse pugnato per la patria. E quando a lui fu sostituito il Pappenheim coi Tedeschi, questi fece non men cara costare al francese quell'osteria, anzi poté togliergli tutte le fortificazioni là intorno e spingersi fino a Traona.

Come stesse allora la Valtellina pensatelo! Tutto era pieno d'armati baldanzosi ed ingordi: Francesi e Grigioni a gara le succhiavano il sangue, eccedevano in prepotenza rube e sacrilegi, i nobili, per lo meno male s'erano fuggiti, ricovrando alle Tre Pievi ed al Milanese, dove non cessavano d'industriarsi a pro della patria.

I segreti motivi della corte condussero finalmente una concordia, praticata in Monson città dell'Aragona dove, quel che riguarda la Valtellina, si stabilì vi si conservasse la religione cattolica, ridotte le cose allo stato del 1617: i natii si eleggessero i propri magistrati e governatori, senza dipendenza dai Grigioni; toccasse però a questi il confermare gli eletti entro otto giorni, e ricevere un annuo censo di 25.000 scudi d'oro; le fortezze fossero rimesse al papa da demolire; Grigioni più non entrassero armati nella valle, né gli Spagnuoli tenessero forze oltre le ordinarie alla frontiera milanese.

Questo trattato salvava il decoro della Spagna, la quale pareva sì bene avere provveduto alla religione ed alla libertà di quei popoli. Ma nessuno dubiti che di pessimo occhio nol vedessero i Grigioni, i quali venivano così ad aver profuso invano il sangue e l'oro per ricuperare la valle. Onde, cavillando, ricusavano stare in verun modo agli accordi. Anche al Coevres ne sapeva male; ma buon grado o no che ne avesse, dovette lasciare che, a nome del papa, entrasse Torquato Conti, che fece demolire le fortezze e riscosse il giuramento. I soldati francesi nel ritirarsi vollero danari; e perché tardo a pagarli, bruciarono il casale di Piantedo. Il nuovo generale venuto pretese un regalo, perché un regalo si era dato al Coevres. Pure la Valtellina portava in pace, sperando finalmente composte le cose.

Non era ancor tempo. Imperocché i Grigioni chiedevano si osservasse il trattato di Madrid, aizzati dai predicanti, da Venezia, dalla Francia. Mentre la Spagna andava stimolando il partito santo nella speranza che i Valtellinesi per istracchi si gettassero in braccio di essa. Intanto però che si contrastava, la Valtellina godeva libero stato e pubblica rappresentanza; inviava ai re, e ne riceveva messaggi ed ambascerie, e d'ora in ora faceva ordini rigorosi contro gli eretici, pubblicava i beni dei ricaduti e molti coperti riformati o dall'inquisizione o dagli zelanti erano fatti capitar male. Poschiavo, che non aveva preso parte al sacro macello, vedendo non potersi altrimenti sbrattare dagli evangelici, meditò scannarli; e Claudio Dabene, cameriere del Robustelli, fiero di lingua e di mano, entrò in quel borgo, e vi uccise quanti calvinisti poté sorprendere. Del che domandato in giudizio fu sostenuto a Tirano, ma ben presto prosciolto per grazia. Leggo nello Sprecher e nel Quadrio che il curato fosse complice dell'assassinio; voglio credere piuttosto al Merlo, il quale racconta che esso curato Beccaria aperse il presbitero per ricovero agli eretici chiesti a morte.

Quei pochi che sono avvezzi non solo a censurare in un libro quel che vi è, ma a scoprire quel che vi manca troveranno che noi parlammo degli avvenimenti, ma poco degli uomini: e vorrebbero avessimo posto in prospettiva e in giuoco quei Robustelli, quei Guicciardi, quei Venosta che ordirono prima, tesserono poi la rivolta. D'ogni eroe, ma d'un rivoluzionario specialmente, la prima qualità è l'azione. Ora qui, come spesso, l'ebbero impacciata da avvenimenti troppo gravi e dalla preponderanza forestiera. A chi dirige una nave in gran fortuna sarebbe giusto il domandar conto d'ogni comando, d'ogni movimento, d'ogni scompiglio? Poi per un solo Washington, il quale comandi generosamente, perché nobilmente obbedì, sappia non solo vincere i nemici, ma, ch'è più difficile, vincere gli amici, affronti non solo gli attacchi di coloro che offuscano colla loro bava ogni splendore, ma anche la disapprovazione di chi all'essenziale delle teoriche stesse ch'egli venera non sa fare i sagrifizii accidentali che l'attualità esige. Ed altro non cerchi se non di poter dire *ho fatto il mio dovere*; per un siffatto la storia ci offre centinaja di questi capi, che all'atto non mostrano se non quanto male si conoscevano ed erano conosciuti. Che quando vedono incalzar gli eventi esterni, e dentro crescere l'irrequietudine, anziché confessar la propria inettitudine e soffrire che il sole dissipi quelle rinomanze misteriose che reggevano solo nel crepuscolo della considerazione, disperano della libertà e proferiscono la bestemmia di Bruto.

Quanto ai Valtellinesi, neppur tra loro se la passavano in pace, e facevano a torsi i bocconi l'un l'altro, in gare continue e spesso in armi, scontenti del presente, ignari dell'avvenire, fremendo jeri pazzamente per belar domani miserabilmente. Chè dopo le gravi convulsioni dei popoli, gl'intriganti sogliono rimpiazzar i convinti; i rivoluzionari di riflessione soccombere ai rivoluzionari di passione, cui pesa il rispetto e rode l'invidia; al ciurmadore, l'uom colto e ragionevole che non ne ha la sfacciataggine; si crede primo acquisto il non tenere subordinazione; ribalderie colpite dalla legge o dall'infamia, perdono vergogna col drappeggiarsi in una bandiera; passioni irose od avide si sfogano a nome d'una causa santa; e palme di martire si pretendono ad atti, che in tempi composti menerebbero alla gogna.

Quelli che primamente sommossero la Valtellina non credeano certamente procurarle lunga serie di sventure. Gran lezione ai macchinatori di cose nuove! Eppure guai maggiori sovrastavano alla già misera valle ed al resto della Lombardia.

CAPO VI

Passo dei Lanzichinecchi per la Valtellina—Fame—Peste del 1630—Superstizioni—Il duca di Rolian in Valtellina—Capitolato di Milano.

Qui dice la storia come di quei giorni Vincenzo Gonzaga duca di Mantova fosse morto senza eredi e Carlo di Nevers duca francese, suo prossimo parente, si credeva in diritto di succedergli nel Mantovano e nel Monferrato(85).

Ma il duca di Savoja aveva antiche pretensioni e gravissime convenienze sul Monferrato. Il re di Spagna, o dirò piuttosto il conte d'Olivares suo ministro ambendo posseder tutt'Italia, mal sopportava questo vicino sostenuto dal re di Francia, o dirò piuttosto dal Richelieu suo ministro. E così per intrighi di successione e miscele di regii maritaggi, di cui non vogliono ricordarsi quei che beffano i ridicoli motivi delle guerre popolari delle repubblichette del medio evo, nacque una delle miserabili guerre regie, cominciate senza buona cagione, condotte senza pietà, terminate senza gloria e senza effetto.

Il duca di Nevers, profittando della recente convenzione di Francia coi Grigioni, venne in Valtellina coll'esercito da Poschiavo, e per i Zapelli d'Aprica passando sul Veneto andò a prender possesso del ducato. Da altre intanto delle valli che sì inutilmente ci chiudono, sbucavano soldati francesi, spagnuoli, savojardi a disputarsi il tristo onore di spogliare ed avvilire questa povera Italia premio ognora della vittoria. L'imperatore Ferdinando, per fare smacco alla Francia e sostener egli austriaco le austriache ambizioni, mandò trentaseimila fanti e ottomila cavalli, alla guida di Rambaldo Collalto. Truppe terribili sempre, allora viepiù per il timore della peste che serpeggiava. Già il grosso di costoro per Lindau era venuto nel Chiavennasco, e stava per calarsi sul Milanese quando il Cordova, governator di questo, mosso dai reclami dei popoli, spaventati dai latronecci e dal contagio, mandò l'ordine che non si avanzasse più.

Si diffuse dunque per tutta la Valtellina questo nuovo ed orribile flagello. Erano, quelle, bande assassine, che andavano desolando la

Germania nella guerra detta poi dei Trent'anni; erano i Lanzichinecchi di quel Waldstein che in sette anni smunse da una metà della Germania sessantamila milioni di talleri(86). Gente che, solo ingorda di far suo l'altrui, non perdonava a sacrilegi, a stupri. Ora colla forza, or cogli ordini portava via i mangiari di quella povera gente. Sicché, oltre le solite provigioni, la valle doveva pagare 10.000 scudi al mese, e con larghissimi doni abbonacciare, se non saziare, l'ingordigia degli uffiziali(87).

La stagione era andata affatto sinistra ai grani, sicché n'era un caro già eccedente nel 1628, esorbitante nell'anno seguito(88): onde può ognuno figurarsi come travagliasse la Valtellina, sino a vedere la gente, abbandonata del pane per sostentarsi un dì, trovar buone a mangiare le carogne, a contendere alle bestie la gramigna e le ghiande. Si richiamavano con dolorosa istanza i Valtellinesi ai governatori di Milano. Ma a questi piaceva meglio lasciare le truppe colà, che trarsele nello Stato. Finché cresciute a 22.000 pedoni e 3.500 cavalli, non trovando più sostentamento, dovettero portare il disastro delle loro lentissime marce sopra il Milanese. Dalla valle e dal contado di Chiavenna, raccozzatisi dunque a Colico, contaminarono la riva sinistra del bellissimo lago di Como, percotendo d'inesprimibile terrore gli abitanti. Fra i quali era Sigismondo Boldoni, felice scrittore latino e non pessimo poeta italiano, il quale da Bellano sua patria ai lontani amici descriveva i patimenti suoi e degli altri. "Tutti gli abitanti del Lario (traduco e compendio il suo elegante latino) sono a spogliare le case, cacciare le mandre ai monti, trasportare ogni cosa di pregio, sovrastando i Tedeschi, che, per nostro malanno e per ira di Dio, passano di qui, affinché l'Italia, già strema per battaglie, rapine, uccisioni ed inumane fami, sia involta in guerre, che ai dì nostri non finiranno. Allo schiamazzo loro non le muse soltanto, ma gli uccelli fuggono: nulla santo, nulla sicuro".

E già in suo terrore gli pareva, fra lo scrivere, udire i tamburi, ed in gran procella recò ai cappuccini dell'opposto Bellagio il poco suo danaro e, che più gli premevano, le sue scritture: poi a casa a nascondere, a steccare, a murare le porte. Intanto quei Lanzichinecchi piombano su Colico e lo depredano: di là per sentieri montani sboccano sopra Bellano, rubando se trovano, smurando e disotterrando come pratici, costringendo chi trovavano a svelare il nascosto. "All'arrivo di quella sozzura del genere umano, tutta va devastata la campagna, sperperata la matura vendemmia, unica speranza dopo tanta fame e tante depredazioni. All'avidità degli uomini, non che i frutti, neppur bastano le erbe: a tanti cavalli, non che foraggio, neppure si trova spazio. Non un abito, non un vaso lasciano nelle stanze: solo un insoffribile tanfo. Bruciano le travi ed i pali delle viti, stramenano i tralci, tolgono ogni cosa ed in pagamento danno busse e ferite e stupri. Brandeburgo, Vallenstaino, Anzalt, Maradas, Furstembergo, nomi di casa del diavolo; Altringer, Montecuccoli, Ferrario, Acerboni, ed i Croati, e Torquato Conti, ed in fine Galasso, e sempre ad una banda cattiva una peggiore ne succede".

Dava alloggio il Boldoni in sua casa agli uffiziali, uno dei quali visto una macchia d'alloro: "Che fronda è quella?" gli chiese.

"Oh l'uom barbaro! (esclama il Boldoni) povere Muse! cosa aspettarvi da gente che neppure la vostra pianta conosce?"(89)

Così da Samolaco a Lecco guasto tutto quello che non potevano portar via, passarono l'Adda, e giù per la Brianza: e otto giorni rimasero a flagello del Milanese, lasciando da per tutto il segno di loro gola e disonestà. Stridevano i miseri paesani, ma i re avevano a pensare ad altro che al bene dei popoli, né curavano a quali guai esponessero una pacifica popolazione per crescere d'una piccola provincia uno stato immenso, per una prerogativa, per un puntiglio, talora per supina infingardaggine di non saper pigliare un partito. Eppure quelle erano truppe amiche, erano ausiliari: vi lascio pensare come dovesse stare la Valtellina, corsa da tanti nemici. Tali frutti coglieva dal tenersi raccomandata ai signori della Lombardia, quando avrebbe potuto farsi libera ed indipendente col proprio braccio.

Quelle truppe scesero verso il Po a fare un lento macello d'amici e di nemici, a devastare Mantova, che ancora se ne piange; a raccogliere le maledizioni dei popoli travagliati da quelle non so se chiamarle guerre o ladronaje, in tanto peggiori, in quanto che neppure offrivano una speranza alla imaginazione. Ma un altro tristissimo dono lasciarono al paese, una terribile peste.

Ognuno sa quanto ricorressero frequenti le epidemie in Europa. Nel 1610 la *morte nera*, aveva imperversato fra gli Svizzeri, donde si propagò nelle valli dei Grigioni, e di là nella Valtellina; altre volte vi tornò, e singolarmente nel 1621 se ne stette in gran paura. Gli eserciti erano reclutati e tenuti allora in tal maniera che, come dice il Varchi, v'aveva sempre uno spruzzolo di peste.

Questi poi venivano da Lindau, scala generale delle merci per l'Alemagna, "dove per il più dell'anno sono molte città e luoghi infetti di morbo contagioso"(90). A ragione dunque se ne temeva; e di fatto dietro a quelle sudice truppe, che si rifiutavano ad ogni legge di sanità, si sviluppò un contagio, che ritrovando i corpi disposti dalla miseria universale, dalla fame, dal cattivo cibo, dai crucci dell'animo, dai patimenti del corpo, doveva produrre la più fiera mortalità che le moderne memorie ricordino. Una contadina di Tirano fu la prima cui si scoprisse la peste: poi su tutta la via, che le truppe avevano percorsa, se ne trovavano orribili tracce. A Bellano, a Lecco, a Chiuso. Pier Paolo Locato italiano a servigio di Spagna, venuto da Chiavenna, la recò a Milano. Il moltiplicare delle vittime scosse il tribunale di sanità, che mandò un commissario, il quale tolto seco a Como un medico visitò i luoghi infetti: se non che a Bellano avendoli un barbiere ignorante assicurati quella non esser peste, eglino, con imperdonabile trascuranza, stettero contenti agli oracoli di costui. Fors'anche bassamente connivendo al governo, al quale non giovava che peste vi fosse o si dicesse.

Intanto il male acquistava violenza. Tutto era pieno dell'imagine di varia morte: prima una palpitazione, indi letargo, spasimo, delirio e col corpo orrido di buboni e di luridi gavoccioli si trascinavano i miserabili alla tomba. I pubblici provvedimenti non bastavano alla furia del male: onde, dopo che negli spedali si erano più ammassati come cadaveri che disposti come infermi, avresti veduto per le vie, per li campi stendersi poveri giacigli di stoppie e di immondo ciarpame, o capanni di fronde e di strami, ove, malagiati di cibo e peggio di rimedi, si gettavano i miseri man mano che il morbo toglieva loro le ultime forze da reggersi in pié. Ivi persone d'ogni sesso ed età, cresciute fra gli stenti o gli agi, avvezze all'umiliazione od alla prepotenza, venivano eguagliate a dar di sé una vista d'inesprimibile compassione. Gli uni appiccavano il morbo agli altri: col crescere dei malati crescevano le miserie. Qua vedevi alcuno lacrimando trascinarsi lungo le vie in traccia di soccorsi, o almen di compassione, anch'essa venuta meno. Là bambini che s'attaccavano all'esausto seno delle madri. E da per tutto e tutto il dì un incessante trar di guai, ad ora ad ora funestamente interrotto dalle disperate strida di quei miserabili, in cui al male si aggiungeva il tedio del male, e l'aspetto dei presenti, ed il desiderio dei lontani, ed il dolore dei perduti, ed i terrori della fantasia. Non bastavano i cimiteri a ricevere le salme dei tanti, gettati là senza onore d'esequie, senza funebri deprecazioni. Interi paesi furono spopolati, né si riebbero più. Como perdette 10.000 persone, la Valtellina che, secondo la relazione di monsignore Scotti, comprendeva ben 150.000 abitanti, fu ridotta a non più che 40.000.

Da una parte crescevano i pii legati ed i voti; dall'altra, riflettono i contemporanei, non che farsi migliori alla terribile voce del castigo divino, vie peggio si pervertivano i costumi degli uomini, insultando al Dio che flagellava, godendo della vita che fuggiva, del disordine che regnava, degli averi che nei superstiti si accumulavano. Noi vorremmo raccomandare ai gran savii del nostro secolo di non permettere mai queste grandi sciagure naturali. In primo luogo, essi vantano l'onnipotenza dell'uomo, il poter suo nel domar la natura, un avvenire di godimenti quando esso avrà tolte le cause di distruzione, incatenati gli elementi. Ed ecco un torrente, una scossa di terra, un morbo che s'attacca all'uomo o alle patate, un'avversità di stagione, perde le gioconde previsioni, e attesta il predominio di una mano poderosa, e come precario sia il possesso dell'uomo su questa crosta che copre un incendio.

Secondariamente le gravi sventure sono il giorno del prete, del frate, della carità. Cose tutte che i gran savii del nostro secolo devono ingegnarsi di screditare e d'impedirne quell'influenza che divien tanto efficace quanto benedetta in simili casi.

E anche allora se al male v'aveva qualche rimedio, lo porgeva la carità cristiana. Al clero si erano concesse amplissime facoltà; ma era un eroe chi rimanesse al posto destinatogli dalla provvidenza, quando il vivere era un'eccezione. Eppure non pochi con ispontaneo sagrifizio andavano incontro alla peste come ad un premio, non perdita ma guadagno riputando il dare la vita temporale per acquistare altrui l'eterna. I cappuccini dì e notte erano ove li chiamasse il bisogno altrui: essi ad apprestare cibi e medicine, rassettare i letti, vegliare i moribondi, con affetto più che di madre trasportarli, nettarli, profittare di quei terribili momenti che sogliono far trovare la coscienza anche ai più perduti d'anima, e mandare i morenti con-

fortati nella speranza del perdono. In Tirano singolarmente infierì la
morìa, e gli infermi si fecero collocare in un palancato attorno al
tempio della miracolosa Madonna, fidando d'averne conforto al
corpo o all'anima; consolati almeno di morire ove bramavano. Si
erano colà fino dal 1624 stabiliti i cappuccini, e fin ad uno morirono
a servigio degli appestati. Altri sottentrarono volenterosi alle loro
cure, a morire anch'essi. Dare la vita per fare del bene! A queste
azioni ti riconosco, o religione, che sola crei i martiri dell'amore.

A prevenire ed a curare il malore si erano dati provvedimenti
quali buoni, quali superstiziosi, quali esecrabili. Sequestrare i malati, durare le quarantene, non comunicare con alcuno, portarsi in
mano ruta, menta, rosmarino, aceto, una boccetta di mercurio, che si
credeva assorbire gli effluvii contagiosi. I monatti, infermieri incari-
cati di portare gli infetti agli spedali, erano un nuovo flagello: ed
entrando nelle case vi commettevano le più laide cattiverie, rubando, svergognando sugli occhi dei padroni, e minacciando chi fi-
atasse di trascinarlo ai lazzaretti.

E poiché nei grandi flagelli dove non si osa bestemmiar la provvidenza, si sente il bisogno di sfogar contro alcuno il brutale istinto
dell'odio, e della superbia umiliata dall'impotenza, si era sparsa la
funesta opinione che uomini perversi venissero con malìe ed unzio-
ni propagando la peste: e molti paesi soffersero il miserabile spettacolo di alcuni reputati untorì, processati, convinti, e messi ai peggiori tormenti ed alle fiamme. Né la mia storia può andare esente di
tali orrori, ché sempre e da per tutto vengono gli stessi frutti dall'ignoranza e dalla superstizione. Bormio aveva posto divieto che
nessuno osasse passare nell'Engadina, ove il contagio infieriva.
Nelle guardie, che ronzavano al cordone, incappò un contadino che
l'aveva trapassato. Alle interrogazioni confessò come, trovandosi la
donna sua inferma e dubitando fosse effetto di stregheria, si fosse
condotto di là per tenere consulta coll'astrologo di Camoasco, vol-
gar uomo che se l'intendeva col diavolo, ed il quale di fatto gli
aveva dato a vedere in un'ampolla tre persone, che avevano fatto
l'incantesimo alla sua donna(91). Ignorante o maligno, il contadino
nominò una povera vecchia, che detto fatto catturata e doman-
datane alla corda, incolpò sé stessa e denunziò molt'altri. Il giudice
di Bormio istruì il processo, facendo, per sicurezza di coscienza,
intervenire l'arciprete Simone Murchio; e col consenso del vescovo

di Como furono decapitati ed inceneriti trentaquattro fra uomini e donne(92). Così e folli guerre, e tremendi contagi, e pazzi pregiudizi concorrevano ad affliggere ed a sterminare la miserabile umanità.

Quand'a Dio piacque, la peste cessò: ma non i mali della Valtellina. Poiché, ora col pretesto del passaggio, ora del bisogno, or dell'inquietezza, era ogni tratto riempita da quella ribaldaglia che si chiamava soldatesca, la quale diffondeva lungo il cammino malori, fame, mal costume. E quando era costretta andarsene, se ne faceva compensare con dei mille fiorini come d'un gran favore. Si dovettero vendere od impegnare gli argenti delle chiese, e gli abitanti erano messi a gravi tormenti per obbligarli a dare danaro(93); tanto che i pochi residui della peste erano entrati nel disperato consiglio di abbandonare l'infelice patria, se per avventura il Feria, tornato governatore del milanese, non avesse adoprato di cuore presso l'imperatore, affinché di là togliesse le truppe. E l'ottenne o fosse pietà, o piuttosto il bisogno di opporre quei soldati al gran Gustavo Adolfo di Svezia, che aveva in Germania rialzata la causa dei Protestanti.

Ed appunto per quella guerra, di grand'importanza diveniva la Valtellina all'Austria, che per di là portava, senz'altro chiederne, i soldati d'Italia in Alemagna a pronto soccorso. Così nell'agosto del 1633 il duca di Feria s'inviò con 12.000 fanti e 1.600 cavalli pel giogo di Stelvio in Tirolo, calle preferito perché non toccava terre grigioni. Venne poi meno della vita a Monaco, mancando così un gran protettore alla Valtellina. Anche l'anno dopo, il Cardinale infante con 12.000 combattenti fu accolto a tripudio in Como, indi per la Valtellina passò, come dice Minozzi, invece di olivi comaschi a sfrondare fiamminghi allori. Questi ajuti, cui porgeva agevolezza la fede della Valtellina, furono principale stromento a difendere Costanza e Brisacco, e sollevare l'agonia dell'impero.

Tanto più incresceva questo possesso della rivale alla Francia. La quale si levò alfine risoluta di liberare l'Italia, titolo solito (diceva il Ripamonti), onde i Francesi valicano le Alpi; i Francesi (soggiunge egli) ai quali punto credere si dovrebbe, essendo gente inquieta, e che vuol gli altri inquietare.

Fatto sforzo d'ogni parte: Weimar è sul Reno, Crequi penetra in Italia, la Vallette assale il Piemonte, l'Arcivescovo Sourdis arma sul mare, Gassion sul Rossiglione, e per la via dei Grigioni è mandato il duca Enrico di Rohan, il più compito gentiluomo del suo secolo.

Come capo dei Riformati aveva egli resistito con forza e genio al Richelieu, il quale poté fargli perdere il favor della corte, ma non la reputazione di capitano eccellente. Colla quale e con 12.000 pedoni e 1.500 cavalli passò per Basilea e Sangallo fin a Coira e preceduto da un proclama (già si sapeva adoprare quest'arma in guerra) entrato per Chiavenna, senza guari difficoltà occupò la valle.

Tosto 9.000 Tedeschi col barone di Fernamondo, entrano in Bormio, e da veri barbari mandano a fil di spada oltre cento inermi. Spagnuoli e Milanesi vengono dal forte di Fuentes, dai cui rincalzi il Rohan è costretto ritirarsi nell'Engadina. Ivi, rinnovato di forze, rientra, agita terribili battaglie, a Livigno fa carne non battaglia addosso ai Tedeschi ubbriachi, poi addosso agli Spagnuoli al Fraele,(94) indi a San Martino di Morbegno, ove, se non era il valore del Robustelli, pigliava lo stesso famoso generale Giovanni Serbelloni(95), e smorba la valle dagli Austriaci.

Anzi, mentre aveva buono in mano, feroce per le prospere cose, precipita sopra le Tre Pievi, le pone a sacco e fuoco; mette fiamme al bellissimo palazzo Gallio, composto di glorie maritate agli stupori; ma… il fuoco conobbe esser grande empietà il danneggiare quelle torri che nella loro elevatezza sembran parenti prossime della sua spera. Al Monte Francesca il Rohan sconfigge il Serbelloni e s'inoltra: finché Lodovico Guasco, mastro di campo che gli aveva sempre nojato il fianco e impedito i viveri, gli oppose nel castello di Musso tale resistenza, che il Rohan diede l'impresa per impossibile. Ma com'era d'animo audacissimo, per tentare una punta sovra Milano, di concerto coi collegati, prese via sulla sinistra del Lario e da Bellano risalendo per il letto della Pioverna entrò nella Valsassina. Ad Introbbio distrusse le fucine dei projetti guerreschi, e tutto malmettendo, si spinse fino al ponte di Lecco. Quivi trovò una testa grossa dei Brianzuoli, gente (riflette il Ripamonti) robusta e bella, salda nelle battaglie, che esercitata nelle guerre per le frequenti insidie e contese private, non ismentisce la vera, libera, generosa, battagliera origine sua. Al tocco del campanone di Brianza, ed alle fiamme accese sulle vette, erano essi accorsi in arme guidati dai loro castellani; e tale aspetto offrivano di bravura e sicurezza, che il Rohan si tolse giù dal disegno, e fatto rogare ad un notajo l'atto di questo ardimentoso tragitto, ripeté il corso sentiero. E perché ne mormoravano le truppe sue, schiuma di ribaldi, le acquetò permettendo il sacco del litorale, principalmente di Mandello e Bellano, poi della Valtellina(96).

In questo stante s'erano messi nuovi trattati per parte della Francia, la quale, smaniosa di togliere all'Austria quel passaggio, moveva ogni macchina per amicarsi i Valtellinesi, promettendo sottrarli affatto dai Grigioni, redimerli fin dallo stabilito censo, incaricandosene ella stessa, e concedere giustizia propria, unica religione.

Ne venne odore ai Grigioni, i quali altamente adontatisi, come il re gli accarezzasse solo in quanto gli parevano utili contro gli Austriaci, abbandonarono di tratto l'alleanza del Cristianissimo e si volsero a Spagna. E Spagna, non avendo maggior desiderio che questo, non istette ad assottigliare sulla coscienza, e ne abbracciò la lega.

Che che delirano i gabinetti, ne soffrono i popoli. Subito sonò di armi il paese: Spagnuoli al forte di Fuentes, Tedeschi a Bormio, Grigioni a lato. Sicché il Rohan, a cui la rivalità del Richelieu faceva sempre scarseggiare i soccorsi, dovette battere in ritirata, non senza insulti e sangue per parte della ciurmaglia, usa a mordere chi fugge, leccare chi arriva.

In tal modo la fortuna della Valtellina ritornava nelle mani della Spagna, che ingorda di saldare l'alleanza coi Reti, perché non avesse altri a coglier la lepre ch'essa aveva levata, non si faceva coscienza di sacrificare agli interessi proprj l'antica ma debole sua protetta. Il marchese di Leganes, nuovo governatore del milanese, cupido di tornare carico di questa gloria in Ispagna, non badava se bene o male fosse il porre a repentaglio la religione e la nazionalità altrui. Quindi ogni cortesia ai Grigioni ambasciadori, niuna ai Valtellinesi: chiese al vescovo di Como se la religione cattolica fosse compatibile col governo grigione, e questi rispose del sì. Né diversamente aveva deciso una congregazione di teologi in Spagna. Vi ricorderà che pochi anni prima si era diversamente sentenziato: ma gli è uso antico, fin quando i generali colle spade dettavano le risposte agli oracoli.

E già nel castello di Sondrio s'era messo presidio grigione: del che non domandate se fremevano i Valtellinesi. Si era anzi da certuni proposto di avventarsi di bel nuovo nell'armi e, concitati da sdegno formidabile, scannare i pochi nemici in paese, ardire ogni estremo per risuscitare la fortuna da sé, dopo gettata a banda ogni fiducia di soccorsi da Francia o da Spagna. Pareva ottimo quel che non era più a tempo. Perocché erano asseccati di vivande; non più danaro né credito; la peste del '30, rinnovata per soprasoma cinque anni dipoi, li aveva consumati di popolo; ed in tutto l'universale era quella malavoglia, quella stanchezza che suole succedere alle forti emozioni, come al delirio furente il delirio tremante; e che fa parere il minor male chinar la testa, e pregare Dio che la mandi buona.

In somma fu, per venire presto al fine di questa lagrimevole narrazione, che il governatore Leganes coi deputati Reti ultimò l'affare in Milano, restituendo ai Grigioni la Valtellina coi patti e salvi compresi in 40 articoli, i cui termini principali erano questi:—nessuno venisse riconosciuto pei fatti corsi dopo il 1620; cassate le procedure di Tosana; le finanze, le tratte e le consuetudini tornino come avanti l'insurrezione; gli uffiziali, dal vicario della valle in fuori, vengano eletti dai signori Grigioni, e la sindacatura se ne faccia in paese; degli statuti impressi nel 1549 sono derogati nominatamente quelli intrusi a danno della fede e delle immunità ecclesiastiche; Bormio ed altri comuni godano i privilegi quali avanti la rivolta; così Chiavenna e Piuro conservino le proprie leggi, ed invece del vicario, possano nominare tre persone pratiche del diritto, una delle quali assista al podestà nei casi criminali; in occasione di passaggio di truppe, i Grigioni procureranno che i Valtellinesi vengano trattati e compensati al pari di loro; unica religione la cattolica, operando in ciò come gli Svizzeri nei baliaggi italiani; non inquisizione; vescovo, preti frati esercitino francamente i loro ministeri, non vi fermi dimora alcun protestante, se non sia magistrato; i signori Grigioni cattolici eleggeranno di due in due anni chi provveda acciocché non sia indotta novità; si manderanno a fascio le fortezze erette dopo la sommossa. Alle tre leghe doveva la Spagna pagar 1.500 scudi l'anno per ciascuna, e mantener sei giovani a studio a Milano e a Pavia. Libero a soldati austriaci il transito per la valle, e a niun altro.

Ai popoli bisogna pure gettar polvere negli occhi; e il Leganes invitò a Milano i caporioni della Valle, come uomini di fiducia interessati nelle decisioni che si stavano per pigliare. Vennero, ma egli non li consultò, non li fece intervenire all'atto, perché non istessero da pari a pari coi loro signori(97). Rato e stipulato, gl'informò dell'accordo. Cadde il fiato a tutti in udirlo, gridarono contro il vescovo Caraffino, la cui fede si diceva *mercata e mendicata* dai ministri spagnuoli(98); parodiavano il nome del Leganes in *liga-nos*; protestarono; s'appellarono: fu invano; il gran cancelliere ai loro lamenti rispondeva, non essersi potuto ottenere di meglio; i forestieri davan ad essi ragione, ma nulla più. Onde i Valtellinesi diedero un altro esempio a chi si solleva per favorir un altro principe, e a chi prima degli accordi si lascia togliere le armi di mano.

Questo capitolato formò la base del gius pubblico della Valtellina verso i suoi padroni, e la misura dei diritti e dei doveri reciprochi. Allora si lamentarono altamente i Valtellinesi che fosse stato conchiuso senza di loro; eppure, venne stagjone che, trapassandosi anche quei patti si richiamavano essi alla piena osservanza del Capitolato, asserendo che anch'essi vi avevano stipulato, trasfondendo i proprj arbitrj nel loro protettore(99), e con quello alla mano dovettero, deh quante volte! ricorrere al duca di Milano, che n'era entrato mallevadore, acciocché provvedesse alle continue violazioni. L'ultimo lamento il portarono a Buonaparte, generale e onnipotente della repubblica Cisalpina nel 1797, il quale, considerandosi come sottentrato nei diritti dei duchi di Milano, citò i Grigioni a scolparsene, e prima che arrivassero dichiarò la Valtellina unita alla Lombardia, colla quale poi stette al male e al bene; e con essa caduta sotto la Casa d'Austria, divenne importante anello fra i possessi di quella in Italia e i trasalpini.

Ma senza prevenire i tempi, per allora tornarono Grigioni nell'intero possesso e, dicasi a loro lode, moderatamente. Non s'affidarono però a rimanere quelli ch'erano stati maggiori stromenti a ordire la rivolta; e il cavaliere Robustelli, primo fulmine di quella guerra, benché affidato di pace e di salute, non sofferse d'obbedire cogli altri ove agli altri aveva comandato, e alla patria, cui più non poteva giovare, disse addio con quel sentimento, con cui s'abbandona la terra che rinchiude ogni cosa più caramente amata. Non mancò chi gli applicasse il titolo che gli Italiani serbano a chi non riesce, di traditore.

Le cose però non potevano a lungo passare di cheto fra tanto astio di sangui: e sarebbe un non finir mai il ripetere le lamentanze dei Valtellinesi perché si violassero alla scoverta le convenzioni. I Riformati, benché avessero divieto dal paese, crescevano di dì in dì: la sola piccola Mese dopo un 15 anni ne contava 50. Quattro famiglie n'erano a Tirano, tre a Teglio, altrettante a Cajolo, il doppio a Traona, nove a Sondrio, due a Berbenno, dodici a Chiavenna, altre altrove di buona parentela, a non contare gli artigiani ed i forestieri. E questi vivere alla libera, facendo gabbo dei divoti e dei riti. Ed i magistrati ledere le immunità del clero, proibire il ricorso a Roma, pretendere la rivelazione delle confessioni, tenere in palazzo a Sondrio conventicole di predicanti, e industriarsi d'introdurli(100). Anzi i Riformati avevano chiesto alla dieta grigia di potervi avere tre chiese. Intanto i ricchi tenuti sempre in colpa per ismungerne danaro; assolto chi pagava; processati due ragguardevoli sondriesi perché avessero usato la parola eretico e lo stesso arciprete perché congregò alcuni caporioni a prendere partito sopra questa cattura. "O cara libertà come t'ho persa! O cara libertà dove sei gita!" esclamavano essi(101). Quindi frequenti richiami; e gran trattati si menarono nel 1652 nel '59, nel '69, ma tutti coll'esito stesso, rimanendo fermo il Capitolato di Milano.

I Riformati però non ebbero più il vantaggio nella diocesi comense, e libertà di riti tennero solo a Poschiavo e Brusio, terre che anch'oggi appartengono alle Leghe grigioni, benché di lingua italiana e cisalpine. Ivi i Riformati sono un terzo, ed in questa proporzione si distribuiscono gli impieghi: essendo il podestà due anni cattolico, uno riformato e così delle altre cariche. Vivono in buona concordia e tolleranza, e noi vedemmo assai tra gli Evangelici assistere ai riti dei Cattolici con bella modestia. I pastori delle due chiese riformate sono spediti dal capitolo dell'alta Engadina. Usano la bibbia tradotta da Giovanni Diodati! e seguono la confessione retica segnata in Coira il 22 aprile 1553, cui si aggiunse poi l'elvetica. Ammette quella i tre simboli, il *pater*, il decalogo, la domenica, i sacramenti del battesimo e della cena, però come segni e non necessari alla salute. In un concistoro, tenuto ogni anno dai pastori della Rezia per turno, e sopravveduto dal decano, approvano i ministri, e si danno a vicenda consigli sulla fede e sui costumi. Nei loro catechismi variano assai anche nei punti fondamentali; alcun che di luterano vi s'introduce, conservandosi il sacramento e portandolo agl'infermi; s'era fin proposta la confessione auricolare, ma tutto dipende dai ministri, laonde questi da alcuni anni ebbero istruzione di non trattare mai di dogma, ed attenersi alle sole verità pratiche. E deh sia presta l'ora che rinverdiscano i rami, e il sacro sangue della redenzione ci unisca tutti in un solo ovile sotto un solo pastore.

A questo riuscì la lotta sì lungamente agitata con armi e con trattati in Italia e fuori: lotta male avvisata nel cominciamento, crudele nell'atto, inutile nel fine. Quegli uomini, superstiziosi non religiosi, se la religione sta in benevolenza d'affetti e santità di opere, dopo compiuto il gran delitto, persuasi di non trovare perdono, e che unica salute era il non sperarla, dovevano da sé stessi difendersi fra le barriere dei loro monti. Qual esercito, pur ordinato e grosso, può resistere alla fatica della guerra popolare; che sventa i disegni del nemico e glieli volge sul capo, che drizzando sempre i colpi dal giro al centro, li fa tutti mortali; che affanna e stracca, fugge e ricompare impreveduta, inevitabile, né può per battaglie terminarsi; ove più valgono i soldati assai che i capitani; ogni casa diviene una fortezza; ogni siepe, ogni macia un baluardo, ogni elemento un'arma micidiale. ove gli aggressori scorati, privi del mangiare e del bere, devono in fine cedere al popolo, che, non disperando della patria nel giorno della sventura, difende la propria indipendenza? Così vedemmo ai dì nostri salvarsi dall'ambizione d'eserciti tremendi la Spagna, il Tirolo, la Grecia… doveva così la Valtellina francheggiarsi. Ma i coltelli adoprati all'assassinio parvero cadere di pugno. E dopo la vittoria di Tirano, non sapendo intera soffrire né la libertà, né la servitù, seguitarono non diressero gli eventi. Quand'era tempo di fare, se n'andarono in consigli: da re, i più avidi di acquistare che vogliosi di francheggiare, mendicarono gli ajuti che dovevano da sé soli sperare.

Ricorsi all'intervenzione dello straniero, potevano ottenere buono stato dalla Francia; invece si commisero alla Spagna, che col non risolvere, nutricò lungo tempo la guerra. Poi pretendendo vigilarne il bene e la religione, la vendette per vantaggio proprio a coloro che più odiava, senza tampoco i privilegi di prima; anzi consolidando quel servaggio, cui l'avevano ridotta le lente usurpazioni dei Reti. Diciannov'anni di guerra fra tumulti ed eccidi, fra le ansietà della speranza e degli sgomenti, colle solite conseguenze delle rivoluzioni, sospensione delle utili arti e del faticato progresso, abbassamento dei caratteri, assuefazione allo stato provvisorio ed ai mali come ad una necessità, oblìo della franchezza vera e della legittima opposizione, schifiltà da quell'obbedienza che è la condizione più necessaria alla libertà, bisogno di distrarsi e stordirsi, confidenza nelle eventualità imprevedibili e fin nella conflagrazione universale come rimedio, mentre è un male che tutti gli altri peggiora e a nessuno ripara. E l'appannaggio dei deboli la rabbia e la paura: aggiungete 25 milioni di lire scialacquati, infine la sudditanza che avevano dichiarata importabile furono l'espiazione imposta da quel Dio, di cui si erano arrogati i diritti e le vendette.

Ad alcuno parrà che la storia dia torto ai Valtellinesi sol perché soccombette, se fosse riuscita, cercherebbe da lei esempi del meglio. Caduta, non vi vede che ragioni di biasimo. E forse è così: ma se il passato potesse servir di lezione, e l'uomo non si ostinasse a ricominciare sempre l'esperienza a proprie spese, avrebbero i signori ad apprendere a rispettar la giustizia, i patti e la più libera delle cose, la coscienza, onde non costringere i popoli a ricorrere all'estremo rimedio. Avrebbero i popoli ad apprendere che a grandi mutazioni si vuole gran consiglio prima, gran risolutezza poi, adoperare tutti i mezzi di riuscire, né prorompere senza considerazione o procedere senza fermezza per non pentire senza rimedio quando si trovino ribadite e aggravate le catene da quegli appelli alla forza, da cui si erano ripromesse libertà e pace.

FINE

INTRODUZIONE ALLA RISTAMPA DEL 1885

Quando venne in luce questo racconto storico, *Il sacro macello di Valtellina,* i clericali si levarono contro Cesare Cantù, perché mal sapevano acquietarsi al pensiero che si risuscitasse, da uno scrittore operoso, il ricordo di fatti crudeli, operati da fanatici cattolici, che insanguinarono una terra ch'è asilo antico di libertà. Tanto maggiore fu l'ira dei clericali, in quanto l'autore non era un protestante, ma bensì un cattolico, che professò sempre la sua fede anche se, il proclamarla, gli sia costata la popolarità.

Le monografie sulla *Lombardia del secolo XVII, la Storia di Como, la Rivoluzione di Valtellina,* (riveduta ed ampliata nel *Sacro Macello*) erano la preparazione all'opera colossale della *Storia Universale* che con meravigliosa modestia l'autore imprese a correggere, a ampliare, a rifondere. E lo fece spinto da quella "perseverante ricerca della verità e deliberata franchezza nel dirla" che è il merito di tutta la sua vita; perché altri autori, invece di ritornare sull'opera propria, si sarebbero compiaciuti di riposare sulla gloria ottenuta per aver scritto la storia più popolare nel mondo civile, che ebbe dieci edizioni in Italia e fu tradotta in tante lingue. Di questa *universalità* della sua storia se ne deve cercar la ragione nella limpida parola, nella forza dell'argomentazione, nella logica inflessibile, nell'aver "scritto col cuore, dopo molto riflesso colla testa" sicché le sue storie hanno tutte le attraenze della lettura amena, ma lasciano vital nutrimento in chi leggendole si ferma a considerare con lui il bello e melanconico spettacolo dell'umanità, la cui destinazione "è di ingrandire soffrendo, e di camminare all'acquisto del vero, all'attuazione del buono, ad una più equa partizione dei godimenti della vita e dei vantaggi del sapere".

Un'altra ragione della fama antica e ognor verde delle opere storiche di Cesare Cantù (come delle altre educative e di fantasia) è l'amore che sempre ebbe per le classi deboli e perché deboli infelici. Nelle sue pagine spira il soffio dei tempi nuovi, della rivendicazione del diritto; uscito dal popolo, ricorda con compiacenza le dure prove subite e vinte colla tenace volontà che gli fece scrivere in nome di chi lavora: "Noi abbiamo per simbolo il progresso per guida di battaglia *Avanti*". All'elenco dei re, che una volta costituiva la storia, egli aggiunse lo studio delle condizioni degli oppressi, egli ci fece partecipi dei dolori della massa disconosciuta, dimenticata composta dì ignoti, alla quale si devono lo svolgersi delle istituzioni e i progressi che gli scrittori d'un tempo solevano attribuire, quale appannaggio di gloria, ai principi. E per questi dimenticati del passato egli chiede per il presente e per l'avvenire non privilegi, ma giustizia: e mentre ciò chiede ai potenti, dall'altra parte lavora perché crescano quei deboli nel loro diritto, educati, virtuosi e dignitosi. Noi non dividiamo in tutto le opinioni dello scrittore; parecchie volte siamo indotti dalle nostre convinzioni a proferire diverso giudizio dal suo; ma non per questo vien meno in noi il rispetto per le opinioni, con sì schietta e sì ferma fede, proclamate da Cesare Cantù. E mentre guardandoci intorno si vede tanta trivialità d'ingegni e codardia di carattere, non si può rifiutare l'ammirazione a quest'uomo contro il quale si sbizzarrirono invidie e calunnie, ma che in questi tempi in cui i libri più lodati vivono sei mesi, ha la compiacenza di veder sempre letti i suoi libri di sessant'anni fa, e che opponendo la serenità della coscienza alla trascuranza colla quale si cerca di opprimerlo, può dire d'essere sempre lo stesso di quando giovinetto "combatteva solo, col suo coraggio e colle sue speranze".

NOTE

(1) SARPI, Storia del Concilio di Trento, I.

(2) Ca-de-Dio, Gott-haus-bund.

(3) Graubund.

(4) Zelin-gerichten-bund.

(5) Secondo i vari linguaggi del paese, cioé tedesco, romancio o ladino, si intitolano Comuni, Vicinati, Nachbarschaften, Schnitze, Gleve, Directuren, Squadre, Contrade.

(6) Questa costituzione durò fino al 1847.

(7) Non posso tacere un curioso documento della tolleranza romana, ch'è nei preziosi Diarj manoscritti di Marin Sanuto. Nel Vol. XXXVIII pp. 159-160 porta una lettera che il cel. Gaspare Contarin, ambasciadore a Madrid e che fu poi cardinale, scriveva ai suoi fratelli raccontando come tre patroni di galee veneziane fossero stati colti dall'inquisizione per aver venduto una bibbia ebrea e caldea coll'esposizione di Rabin Salamon. Esso Contarin si presentò subito al S. Uffizio, "parlai lungamente, dichiarandoli il costume di Italia e di tutta la chiesa cattolica essere di admeter ogni auctor infedele, quantunque contradicesse alla fede quanto li paresse, come Averois e molti altri, perché si faria ingiuria quando non si volesse che li adversarj nostri fossero auditi et lecti".

Addusse anche altre ragioni per le quali furono rilasciati, solo con lieve penitenza. E il Contarin conchiude: "Questa inquisizione in questi regni (di Spagna) è una cosa terribilissima, né il re medesimo ha potestà sopra lei, et per li cristiani nuovi una cosa che a noi pare minima a costoro pare grande. È stato etiam dito che hanno venduto libri de Luterio, ma io nol credo".

(8) V. Missaglia, Vita del Medeghino, p. 52 e G. Batta Giovio, lettere lariane, XI.

(9) Nel poema dell'Arsilli sui poeti del suo tempo è nominato come uomo che a cercar libri aveva girato tutta Europa. Il Bossi nelle incondite giunte alla vita di Leone X del Roscoe, v 10, p. 94, non sapendo chi costui si fosse, propose di cambiarlo in Fausto Sabeo di Brescia. La famiglia Calvi fu chiara in Menaggio, e n'è il sepolcro nella chiesa maggiore.

(10) Ap. Hottinger, Hist. Eccl. sec. XVI, T. II, p. 611.

(11) Anche oggi in Valtellina e nei Grigioni un protestante si nomina un Luter; forse dunque il predicatore di colà non fu che uno dei seguaci di frà Martino.

(12) Olimpia Maratti, una di quei profughi, scriveva da Idelberga Ferrarie crudeliter in christianos animadverti intellexi, nec infimis parci, alios vinciri, alios pelli, alios fuga cibi consulere.

(13) Castagneto fu riformato da Girolamo Zerlino siciliano al qual poi
successero Agostino veneziano un G. B. vicentino; Girolamo Terriano di
Cremona fu il primo pastore di Bondo, ove il seguirono altri italiani. Da Pietro Parisotti di Bergamo fu riformato Bevers; Siglio da Giovanni
Francesco, e da Antonio Cortese di Brescia; a Pontresina fu ministro Bartolomeo Silvio di Cremona; a Casaccia Leonardo Eremita ed altri.
Evandro riformò Vettan e gli successe Francesco calabrese. Vedi sempre
De Porta.

(14) Alla biblioteca nazionale di Parigi, 8097, 3 son manoscritte varie lettere che Celso Martinengo bergamasco apostata, da Ginevra, scriveva ad Angelo Castiglioni, carmelitano di Genova, dopo il 1558 e le risposte di questo, più acri che persuasive.

(15) A Ginevra era una chiesa riformata italiana, ove fu ministro Nicola Balbani, scrittore della vita di Galeazzo Caracciolo marchese di Vico, dalla quale si hanno importanti notizie sulla riforma nel regno di Napoli. Quivi, e singolarmente a Caserta, predicò le dottrine di Zuinglio e di Melantone l'agostiniano Lorenzo Romano di

Sicilia. Nelle Calabrie furono in un dì solo scannati ottantotto per eretici. Il manigoldo, ammazzato uno, si poneva il coltello in bocca, mentre avvolgeva un velo al capo dell'altro che doveva scannare. Contano da seicento uccisi in quel tempo. Si faccia la debita deduzione ai martirii raccontati da chi si gloria martire.

(16) Molti lucchesi furono tenuti eretici, dopo che Pietro Martire Vermigli fu priore degli Agostiniani: e così altri assai toscani dei quali i più nominati sono: Matteo Palmieri, I'andolfo Ricasoh canonico, Jacopo Fantoni, e il famoso Gamesecchi, il quale a Viterbo si era trovato col vescovo di Bergamo Soranzo, con Apollonia Merenda, Luigi Priuli, Pier Paolo Vergerio, Lattanzio Ragnoni di Siena, Baldassarre Alfieri, coi fiorentini Antonio Brucioli e Francesco Pucci Mino Censo sanese, e vari Lucchesi, tutti tinti d'una pece. Il Camesecchi finì bruciato.

(17) Non poche illustri donne furono sospettate di nuove opinioni: e a dir le più illustri, oltre la duchessa Renata di Urbino, Giulia Gonzaga contessa di Fondi e Vittoria Colonna, entrambe celebrate da Paolo Giovio. V TUANO, C. 39 sul principio, e BAYLE, Dict. Si aggiungano Lavinia della Rovere Orsina, Teodora Sauli, Faustina Mainardi fiorentina, Apollonia Merenda napoletana. Olimpia Morata ferrarese è la più illustre. Le sue opere furono raccolte e pubblicate a Basilea il 1599 e più volte ristampate. Si ha HOLTEN, De O. Moratta vita, Francfurt, 1731; KNETSCHTE, O. F. Moratta, Zillau 1808; O. Moratta, her times, life, ecc. Londra 1834.

(18) A gravare i sospetti sul conto della fede di Castelvetro, avvenne nel 1823 che, ricostruendosi presso alla Staggia nel basso modenese una casa appartenuta alla sua famiglia, si trovarono murati da 50 in 60 volumi di prima edizione di libri di Calvino, Lutero ed altri riformatori, con moltissime carte. Queste sciaguratamente andarono disperse; i libri furono acquistati dalla biblioteca estense. Vedi VALDRIGHI, Alcune lettere d'illustri italiani, ecc. Modena, 1827.

(19)
D. O. M.
MEMORIAE
LUDOVICI CASITELVITREI MUTINENSIS VIRI SCIENTIAE
JUDICII MORUM AC VITAE INCOMPARABILIS QUI DUM

PATRIAM OB IMPROBORUM HOMINUM SAEVITIAM FUGIT
POST
DECENNALEM PEREGRINATIONEM TANDEM HIC IN LIBERO
SOLO LIBER MORIENS LIBERE QUIESCIT ANNO AETATIS
SUAE
LXVI SALUTIS VERO NOSTRAE MDLXXI FEB. XX

Anton Federico Salis nel 1791 fece risarcire quel monumento, po-
nendovi
anche un busto di Lodovico nel giardin suo, che poi divenne degli
Stampa. Falla adunque il Pallavicino nella Storia del Concilio di
Trento, lib. XV, c. 10, scrivendo come visse e morì tra gli eretici in
Basilea: errore copiato dal Bayle nel Diction.

(20) L'iscrizione ivi posta sopra la cantoria legge così: Chiesa cristiana vangelica riformata dagli errori e superstizioni umane in questo borgo primo 1520, e da Pietro Paolo Vergerio stato vescovo di
Justinopoli e nunzio mandato da papa Leone X nell'impero ger-
mano, ecc. Quella chiesa era già cattolica; venne poi rinnovata dal
1647 al 1649, e ristorata ancora nel 1769: vi si leggono sulle pareti
alcuni detti del Vangelo.

(21) Diario manoscritto delle cose comensi.

(22) Erano Lucerna, Uri, Svitto, Unterwald, Zug, Solura, Friburgo.

(23) I Pestalozzi, gli Orelli, i Muralti, che sì bene meritarono della
Svizzera in questi ultimi tempi, traggono origine da Locarno. Bisogna dire che questo paese non si fosse del tutto ripurgato, poiché
intorno al 1580 il papa trovò mestieri di commettere quella pieve
alla speciale cura di monsignore Speziano, vescovo di Novara, che
la tenne un dieci anni.

(24) Vedi un appello dai Valtellinesi sporto al vescovo di Como,
manoscritto in questa curia.

(25) Delle monache di Moncarasso destinate all'educazione, sol
una sapeva scrivere alcuna cosa. Che anzi le constituzioni severa-
mente proibivano alle monache di tenere in camera penna, carta e
calamajo; e in caso di provato bisogno, dovevano ricorrere alla
badessa. L'arciprete di Dongo querela presso al vescovo Ninguarda

il curato di Musso, che vantava volergli cavare il cuore, ed altri preti, che gli avevano spianato incontro il fucile. Il curato di Barbengo faceva mercato di vacche e cavalli, fabbricava casse e tini, teneva bastardi, eccetera. Visit. episc. Ning. 1593, 94.

(26) Così il Giussano nella vita di San Carlo. Questo santo nelle Trevalli lepontine scriveva aver trovato XIV sacerdotes publica scortorum consuetudine infames: presbiteros ibidem suis ipsorum filiis stipatos ad aram procedere solitos, atque hoc sibi jus profanos earum regionum praetores sumpsisse, ut scorti domi tenendi facultatem sacerdotibus pro arbitrio impertirentur. L. 2 c. 1. Poco dopo nota che mercatura et sordidi quaestus minima sacerdotum flagitia erant, ecclesiae stipendia in pellicum alimenta vertebantur, et patris nomen quod ex publicae salutis cura mereri debuerant, plerique ex libidine voluptatum acceperant. Leggesi ivi pure L. 2 c. 7 che il santo soppresse molti monasteri, monialium non dicam collegia, sed amantium contubernia. Erano tali quei di Bellagio e di Mompiatto. Carlo II scrisse al vescovo della sua città di Como perché provvedesse d'impedire "le conversazioni de' secolari con religiose, avanzandosi anche a cose illecite con titolo di devozione". Lett. 13 gennaio 1682 nell'archivio municipale di Como. La rilassatezza monastica è con strano vigore rivelata nel Gemitus Columbae del cardinal Bellarmino.

(27) Corre voce si volesse una volta trasportare a Gravedona il Concilio. Forse si appoggia a certi seggioloni a bracciuoli ch'ivi sono nella gran sala segnati coi nomi dei cardinali d'allora. Ma non contando il silenzio degli storici e dei panegiristi di quel palazzo (p. e. il Minozzi), basti dire che Trento stessa pareva picciola alle gran corti di quei prelati.

(28) Forse si ricordò di ciò, allorquando, fatto papa, fulminò di tremendo anatema chi si permettesse alcuna ingiuria contro gli inquisitori.

(29) Serpeggiava molto in Mantova la dottrina novella: e pare vi aderissero Camillo Olivo, segretario di quel cardinale e amico del Sarpi, ed Antonio Ceruto canonico, scolaro del Vergerio, come dai processi dell'Inquisizione di Roma. Nel 1568, aperte a forza le carceri dell'Inquisizione, i Mantovani scannarono due domenicani. Carlo Borromeo, mandato dal papa a por freno al male, vi riuscì: e

dei moltissimi frati che favorivano i predicanti, i più fuggirono, altri furono messi in istato di non più nuocere.

(30) Può esser un esempio della lautezza con cui provvedeva alle conversioni quel santo, il qual poi digiunava mezzo l'anno in pane e acqua. A quel collegio fu assegnata la prepositura di Rivolta presso Monza; Gregorio XIII vi aggiunse 2400 zecchini annui, alcuni benefizi, e case e commende ch'erano appartenute all'ordine degli Umiliati, allora abolito. Dovevano starvi 20 svizzeri e 20 Grigioni; poi il cardinale Altaemps cugino di san Carlo vi unì la sua commenda di Mirasole acciocché vi avessero posto 24 chierici della diocesi di Costanza. Riceveano anche la laurea, ma doveano giurare d'andar a servizio dei propri paesi. Federico Borromeo fece fabbricare per essi uno dei più magnifici palazzi di Milano a disegno di Fabio Mangone. Giuseppe II, che riformava a bastonate, cacciò via quei chierici per mettervi degli impiegati, nei quali esso riponeva il progresso. La rivoluzione poi abolì quei posti gratuiti; di che la confederazione svizzera si querelò sempre invano, finché nel 1841 furono istituiti per gli Elvetici 24 posti gratuiti nel seminario arcivescovile, per ciascuno dei quali il governo pagava mille lire.

(31) Dalle lettere del Borromeo caviamo una pietosa storiella. In Val Trompia s'avvenne in una giovinetta, il cui padre era tra i riformati nella Valtellina: e l'avo presso cui vivea continuamente instava perché al padre la se ne andasse. Ella però, temendo il pericolo dell'anima, si rifiutava, finch'egli la cacciò di casa, sicché doveva tollerare a stento la vita presso una povera donna, contenta d'essere mendica, purché sicura in sua fede. Morto poi l'avo, venne in Valtellina un fratello di lei per trarla a viva forza a convivere col padre: e già strappata alla patria ed alla pietosa amica, l'aveva trascinata sin presso di Gardona, quand'ella destra si sottrasse, ed immacchiatasi nel bosco, per luoghi inaccessi tornò in patria, ove languì povera, sinché venuto il Borromeo ne sollevò la generosa povertà.

(32) E alle stampe coi cinque libri delle epistole sue e dodici orazioni latine. Venezia, Guerraei 1587. Di questa visita vedi i curiosi particolari nel Giussano, Vita di san Carlo L. VI c. 6. Carlo stesso scriveva al cardinale Speciano: "In questa occasione calato in Valtellina, volli visitare la celebre chiesa della Madonna, per infiammare quanto potessi gli ortodossi di quella valle: poiché giaciono dall'in-

tollerabile giogo degli eretici quasi oppressi, e gran pericolo reca di contagione il quotidiano convivere coi nemici della nostra fede. Ivi predicai per dare qualche consolazione a quel popolo, che ardentemente bramava udire la mia voce, e volentieri lo feci con facoltà del vescovo di Como".

(33) Il vescovo di Piacenza scriveva a san Carlo sotto il 22 marzo 1583 "V'ha alcuni della tua diocesi, singolarmente di Carlazzo, Corrido e Cavargna, che si presentano a spedali ed altre pie case addomandando danaro, e compiendo per tutta Insubria ogni genere di iniquità. Quel che è peggio, sotto il velo della religione, esercitano arti pessime, spargono superstizioni, falsità contrarie alla cattolica fede, divulgando false indulgenze, agnus dei profani, anelli raccomandati da falsi riti: per tacere altre fallacie colle quali assicurando il perdono dei peccati, la liberazione dal purgatorio, guarigione da certi mali, accalappiano gl'ignoranti, che delusi dalle vane promesse di tanti beni, si lasciano smungere la borsa, mentre quegli ipocriti si fanno pingui col danaro altrui e coi propri peccati". Anche il Giussano nella vita di san Carlo, I. VII, c. 16, c'informa che, con una raffinatezza appena credibile in gente nata e cresciuta fra le selve, penetravano sin nelle reggie, con pompa di arredo o fingendo una legazione, o falsi titoli o privilegi.

(34) Il passaggio del San Gottardo era allora uno dei più formidabili, pure fin dal 1374 l'abate di Dissentis vi aveva posto un piccolo ospizio. Nel suo viaggio san Carlo determinò porvi una fabbrica solida; ma morì prima d'eseguirla, e Federico Borromeo vi collocò nel 1602 un prete con casa. L'ospizio fu poi eretto nel 1683 dall'arcivescovo Visconti, con due frati cappuccini per assistere i viandanti. Si sa come soccombette nella guerra contro il Sunderbund.

(35) Divenne vescovo di Crispoli, poi di Asti. Sono a stampa varie sue scritture polemiche, fra le quali le Lezioni calviniche, recitate d'ordine del duca di Savoja in Torino il 1582 per opporsi ai novatori che tuttodì cresceanvi. Ivi loda il congiungere la predicazione colla teologia; questa gl'insegnò a fare più sicure le prediche, quella a fare più chiare le lezioni. Una sua apologia per negare la voce sparsasi, ch'egli si fosse fatto predicatore evangelico a Ginevra è manoscritta nella libreria Soranzo a Venezia.

(36) Compertum est nullum ferme ex quingentis et amplius, qui labes apud nos suas deposuerunt, lethalis culpae reum fuisse auditum. Lettera del padre Vagliardo da cui togliamo la descrizione di questo viaggio.

(37) Samuele figlio di Frontano, ed una Brocca con tutta la sua famiglia, si resero poi cattolici nel 1584, come abbiamo dai manoscritti del Borromeo.

(38) Erano Adorno, Grattarola, Boverio. Il Grattarola in una lettera descrive il processo, fattogli in un'osteria, presenti quindici giudici insigniti della collana d'oro, i quali alfine dovendogli imporre una multa, s'accontentarono che pagasse la cena a tutti.

(39) "Papa Gregorio XIII, mosso da compassione e zelo, coll'interposizione del cardinale san Carlo nell'anno 1584 persuase a Carlo di Terranova di sorprendere la Valtellina, e per verità seguiva se in quel mentre non moriva il detto cardinale". Relazione manoscritta nell'archivio vescovile.

(40) Questa lettera il Quadrio l'ebbe dall'Oltrocchi: è del 24 maggio 1584.

(41) Solo verso il 1700 i Protestanti adottarono il calendario Gregoriano; gli Inglesi nel 1752; i Russi non ancora, onde sono dodici giorni indietro da noi nel contare i giorni.

(42) Vedi Capitolationi et conventioni co' signori Grisoni l'anno 1603.

(43) Vedi Bündniss entzwischen des durchleuchtigen Republic von Venedig, und den lobl. Drey Bünden der ersten alten Raethia, gedrükt zu Chur bey J. Pfeffer 1706. Da questo impariamo che il più comune passo fra i due paesi era per la montagna di san Marco. l'alleanza si mantenne sino al 1764.

(44) Fu cominciato il forte di Fuentes nell'ottobre 1603, dirigendo i lavori l'architetto militare Broccardo Borrone di Piacenza, sul disegno dell'ingegnere capitano Giuseppe Vacallo: si finì nel 1607. Giuseppe II abolì quel forte ed il tenente colonnello Schreder, che n'era stato l'ultimo castellano, lo comprò, e ne coltivò i dintorni a gelsi. Venuti poi i Francesi nel 1796, il generale Rambaud con 500 soldati salpando da Como sulla più bella flotta e pomposa che mai

vi si vedesse, andò a demolirlo a forza di mine, resistendone però, tant'era solido, una gran parte; e senza avere che qualche uomo ammalato dalle febbri ivi dominanti. Ma il Pagès nella Storia della rivoluzione raccontò questa come una delle segnalate imprese della gran nazione. Or non rimane che un mozzicone di torre, pittoresco come sogliono essere le ruine.

(45) Non usandosi allora chiedere l'indulto, per tutta la quaresima si doveva mangiare di olio. Quindi non si macellava che qualche vitello per i malati o per chi n'avesse licenza: il fare altrimenti oltre il peccato, costava una multa a favore dei luoghi pii. La tassa degli animali macellati in quaresima a Como rendeva a pro della fabbrica del Duomo, e non sarà inutile l'avvisare come quell'entrata nel 1534 si sia appaltata a L. 120; nel 1599 a L. 38; dal 1630 al 1698 circa L. 120; di là sino al 1730 L. 380 e più; poi L. 700, e fin L. 1105, nel 1768, in cui venne abolita da Giuseppe II (dall'archivio della fabbrica del Duomo di Como). Verso il 1580 Giangiacomo Pusterla di Sondrio impetrò da Gregorio XIII per tutta la Valtellina perpetua dispensa per i latticinj in quaresima. A Como trovo il primo indulto dei cibi d'olio domandato dal Comune nel 1731.

(46) Vedi il patto stipulato nel 1587, rinnovato nel 1604, fra i Cantoni svizzeri e Filippo II per assicurare la religione cattolica nelle terre già comasche, ap. LUNIG, Cod. dipl. ital. 1 p. I, sect. 2.

(47) Baserga (corrotto di basilica) chiamano i Grigioni le chiese loro.

(48) San Carlo negli atti del IV sinodo raccomanda che, quanta fatica si pone in istabilire e crescer la religione, tanta cura e diligenza si spenda nello svellere dalle menti degli uomini la superstizione. Il vescovo Bonomio (Decr. in calce alle vis. della Diocesi Com.) esorta che nelle prediche si eviti di mettersi a confutare gli eretici e dal riferire miracoli falsi ed apocrifi racconti.

(49) Trovo in una recente storia di Como, che in quella sola diocesi, si poteva in un anno acquistare 1.975.405 anni d'indulgenza plenaria, non contando quelle riservate alle confraternite del rosario, del suffragio, del sacramento, eccetera.

(50) San Paolo ai Corintii.

(51) È il tratto ove, nel 1792, gli sgherri milanesi arrestarono gli ambasciadori della repubblica francese Semouville, Montholon, Maret.

(52) Melantone, interrogato da sua madre che cosa dovesse in somma credersi fra le dispute dei teologanti, le rispose: "Continuate a credere e adorare come sin qui... La nuova religione è più plausibile, l'antica è più sicura".

(53) Il Rusca istesso lasciò scritto: "Li principali della comunità di Sondrio erano la maggior parte eretici. Triasso, Ponchiera, Piazzo, Colda, Cagnoletti, Arquino, Riatti, Marzi, Gualzi, Colombera, Sondrini, Bradella, Triangia, Ligari, Majoni, Bassola erano tutti cattolici. Sondrio, Ronchi, Gualtieri, Aschieri, Prati, Mossini e Moroni sono misti, e però si servono di due ministri, i quali tendono in Sondrio e nella contrada dei Mossini". I Marlianici erano i principali Calvinisti.

(54) Nominatamente in Tirano egli ed i parrochi di Mazzo e di Tirano combatterono contro il Calandrino e Antonio Andreossa ministro di colà. poscia in Piuro, ove singolarmente Giovanni Paolo Nazari cremonese, bravo soggetto dei domenicani, disputò contro Giovanni Muzio ministro di Teglio sulla messa. Abbiamo l'Apologia di F. G. P. Nazari contro il Muzio. Como 1597, ed Acta disputationis tiranensis del Rusca, Como 1578. Biagio Alessandro era predicante a Berbenno.

(55) Al primo pericolo di riforma si era messo in Valtellina un nuovo inquisitore, fra' Modesto da Vicenza; ma il cronista Stefano Merlo scriveva. "Non penso che al mondo si saria trovato il più furibondo e il più simulatore di lui; ed aveva tanta cupidità di guadagnar scudi, che faceva ogni diligenza a trovar gente che avesse voglia di vendicarsi, ed accusar gente assai per accumular danari. Onde, se gli uomini non avessero provvisto a mandarlo via, voleva infamar quasi ogni persona, salva quelli i quali ajutavano a tal impresa... Dubito che, se tali frati potessero andare in paradiso, troverebber la via di fare che in paradiso vi fosse tal difetto (d'accusare d'eresia i nemici)".

(56) Allora Giovanni Batista Bajacca comasco segretario del vescovo d'Adria, nunzio agli Svizzeri, scrisse al signor abate Camillo Cattaneo a Madrid una "Relazione dello stato politico de' Grisoni

e della causa de' moti e seditioni loro nell'anno 1618" manoscritto di cui molto mi valsi, e dove mostra che bell'opera sarebbe al re cattolico invadere la Valtellina, sperdere quel branco d'eretici, e tornarla al suo dominio. Alfonso Casati, messo di Spagna a Soletta, tentò persuadere questo partito, ma vi si opposero i Francesi.

(57) Scrisse la vita del Rusca il suddetto G. B. Bajacca. Fra' Riccardo da Rusconera ne stampò il martirio nel 1620 ad Ingolstad. Ne fece un poema (Il Parlamento, Conto, Arcione 1619) Cesare Grassi comasco, che in un altro ladro poema (Il popolo pentito, ib. Frova 1630) descrive i mali del suo tempo. Morenas nella continuazione del Fleury; dice il Rusca arcidiacono di Sondrio, Zschokke lo chiama arciprete di Bedano in Valtellina, e dice che morì in prigione avvelenato c. 37.

(58) Chi osserva quei dintorni s'accorge come furono scena di violente convulsioni della natura. Singolarmente per la valle dei Ratti e per la Codera si trovano enormi massi di granito. La tradizione, confermata dall'aspetto dei luoghi, vuol che dalla parte di Uschione precipitasse la val Condria. Sopra la via di Chiavenna ancor si vede isolato un enorme macigno.

(59) Tal nome si dà a freschissime cave, aperte naturalmente nel macigno, in cui ripongono e conservano i vini. Sono celebri i crotti del Prato-Giano a Chiavenna, quei di Caprino rimpetto a Lugano, quei di Figino, di Mendrisio, di Moltrasio presso Como, ed altri. Vi fa mirabile frescura ed un continuo orezzo. Saussure, che ne discorre nel Voyage aux alpes, t. III p. 313, dice che in un giorno estivo portato in quei di Caprino, il termometro vi si abbassò di 19 gradi.

(60) Quintilio Passalacqua, Lett. Stor. 2. Anche oggi trovi fra i Grigioni molte stufe, messe con bell'arte a opera di intagli, od a pitture, tratte specialmente dalla Gerusalemme Liberata. Nel 1621 il generale Serbelloni ne fece spiantare e trasportare a Milano una dei Salis a Soglio, che valeva degli scudi a migliaja. Ne ha pure di belle in Valtellina, e in quella dei Vertemate, vicinissima al luogo di Piuro, sono profusi intagli delicatissimi e belle tarsie e pitture del Campi. Ivi pure si conserva la pianta di Piuro antico.

(61) Nella dedica della vita del Medeghino del Missaglia.

(62) Si disse esservi periti 2 milioni in oro: chi a 3.000, chi a 1.800, chi a 1.200 somma i morti. Kant, Geografia fisica IV, 13 li restringe a 200. Bossi, Storia d'Italia, li cresce a 3.600; ed in un suo discorso all'Istituto suppose avervi dato cagione le cave della pietra tornatile: ma ciò non può essere, giacché sono al di là del colle. Il Dictionnaire geog. hist. et popul. de la Suisse somma i morti a 2.430. Oltre quelli che ne parlarono per incidenza, ed il Passalacqua suddetto, vedi una relazione di Benedetto Paravicino, Bergamo 1619: una lettera di Girolamo Borserio al P. M. Montorfano, Milano 1618: il Quadrio, diss. 3 p 104: Sprecher p 64 che allora era a Chiavenna, ed ebbe lordo il cappello della levata polvere, eccetera. La collegiata ne fu trasferita alla chiesa di Prosto, che conserva una campana di Piuro (è la più grossa), un pesante calice d'argento con ceselli leggiadri, donato nel 1588 dai Vertemate-Franchi, e metà di una ricca pianeta. Dicesi ancora che alcuni v'abbiano rinvenuto del bello e del buono. Pochi anni fa una mattina si trovò al posto di Piuro sobbissata una quercia robusta, ciò che può indicare terreno cavernoso.

(63) Così un libro intitolato Vera narratione del massacro fatto dai papisti ribelli nella maggior parte della Valtellina, messa in luce per la necessaria informatione et ammonitione a tutti i stati liberi, e per esemplo a tutti i veri cristiani di perseverare nella pura professione del S. Evangelio. Beati coloro che sono perseguitati per cagione di giustizia perciocché di essi è il regno de' cieli.

(64) Calicem furoris Domini, calicem soporis.

(65) "Fu fatta una congiura da predicanti et Grigioni, la quale s'esibisce separatamente alla M. V., nella quale fu risoluto d'ammazzare il clero et nobili della valle... col giorno et ora ne' quali doveva il tutto essere eseguito".

(66) Il Tuana nelle memorie manoscritte riferisce questa lettera come scritta al reverendo Antonio ministro di Schanvich. L'arciprete di Sondrio la credeva scritta dopo il sinodo tenuto dai predicanti in Illanz il 15 giugno. Relazione manoscrita nell'archivio vesc. com.

(67) DE BURGO, P. 9: cioè da 30.000 franchi.

(68) Così attestava il loro oratore compar Giasone Fogliano in un petitorio al Ferer, consigliere segreto di Filippo IV. Ivi dice che il contado di Bormio non pagava ai Grigioni che 20 renesi, 20 bazzi e

L. 400 di Milano ogn'anno. Una relazione del Botero parte 3, l. 1 Venezia 1618, dice nella giurisdizione di Bormio, che fa 10.000 anime, non vi essere tre case infette d'eresia.

(69) Il Quadrio vorrebbe contro il vero insinuare che si aveva riguardo alle donne come cose mobili per natura: che a Teglio otto donne e tre fanciulli rimasero per accidente sacrificati eccetera, ma non era egualmente un assassinio e su queste e sugli uomini?

(70) "Che fu il 19 di luglio 1620, giorno veramente fausto, et per tanta felicità degno d'essere annoverato tra gli più celebri dell'anno con solenni processioni", BALLARINI, Fel. Progr. etc. p. 10 "Come tanti Macabei confidati nel divino ajuto assalirono gli eretici... La qual impresa quanto sia stata accetta a Dio l'ha testificato con diversi miracoli, eccetera" Relazione manoscritta "Il che successe con tanta facilità e felicità, che ben si vide la mano di Dio assistente ad opera tanto santa: poiché in tutta la valle non si mossero più di 100 persone, sebbene ci fu consenso di tutti gli altri, et nondimeno ammazzarono tanto numero di heretici et officiali Grigioni". Supplica al re cattolico. "Di Teglio il fatto glorioso sgombra l'oscurità dell'eresia, abbellisce il cristianesimo, empie di gioja il mio cuore e d'altri fedeli, e tutte le lingue si debbono snodare per celebrarlo d'opera sì sublime ed alta, conveniente alla sublimità ed altezza ove siede". Il Rusco o descrizione del contado, eccetera. L'Alberti però nelle antichità di Bormio dice che "da prudenti fu lodata la rivolta, non già il modo". Fortissimum consilium quod vos ad salutaria arma capienda compulit, et Grisonum hereticorum jugum excutere suasit: faveat exercituum Deus pietati et fortitudini vestrae. Greg, XV breve del 9 marzo 1623. Ed il Quadrio diss. IV: "Parve che il cielo stesso dichiarar si volesse a favore del loro disegno, poiché dove tutta la notte caduta era abbondevole pioggia... si mostrò il cielo all'apparir dell'alba terso affatto d'ogni nube e sereno". Al fine del Vol. III degli atti e monumenti della Chiesa Gallicana 1631 in fol. è inserita una Storia delle stragi di Valtellina di Abbot, arcivescovo di Cantorbery.

(71) Informazione dei Bormiesi nel 1636.

(72) Ragioni e motivi del consiglio dai Valtellinesi preso eccetera. Milano, 1620. Fu poi ristampato in Germania con postille ed aggiunte pro, e contro.

(73) Giovan Antonio Paravicini successore del Rusca, nacque di padre riformato in Sondrio, fu rettore di Tirano, poi parroco di Poschiavo, e giovò a mantenervi i pochi cattolici, a ajutato anche di danaro dal cardinale Federico Borromeo: sostenne le inquisizioni del tribunale di Tosana, fu prevosto a Montagna, indi arciprete a Sondrio. Mandato poi a Lucerna per trattare gli affari della patria coi deputati di Spagna e Francia, si dirizzò invece a Roma. Ivi nel 1625 ottenne da Urbano VIII due barnabiti e sei Piaristi, coi quali voleva fondare a Sondrio un'accademia: ma i Cappuccini, gelosi non venisse calo alla loro autorità, impetrarono che, invece delle scuole, si piantasse il loro convento. Egli ottenne pure dal papa che i canonici di Sondrio fossero obbligati alle cure d'anime. Lasciò manoscritti in grossi volumi lo stato della pieve di Sondrio, ed altre cose degli affari correnti, e morì arcivescovo di S. Severina.

(74) Vedi Relazione dell'empia scelleraggine dei Bernesi, Zurigani e Grigioni eretici nella loro passata in Valtellina. Milano, Malatesta 1620

(75) Le ho fedelmente raccapezzate da forse quaranta suppliche libelli, richiami eccetera di quel tempo.

(76) Vedi Véritable et solide responce aux calomnies, et raisons desquelles les resbelles de la Valtelline, vrais et naturels sujets des Grisons, pallient et desguisent leurs exécrables forfaits, voulant par une entreprise imprudente et abominable persuader aux rois et potentats de prendre les armes pour leur défence et protection.

(77) RIPAMONTI, 1. IV p. 65. Questi fatti sono esposti anche nella Legatio Rhaetica del Pascal, cioè Carlo Pasquali di Cuneo, che servì utilmente ai re francesi come diplomatico, e fra altre opere scrisse il Legatus, che è il primo trattato dei doveri e delle attribuzioni degli ambasciatori.

(78) Nelle opere di fra Paolo Sarpi, (Verona, 1758, vol. VIII p. 160) è una scrittura sopra gli affari della Valtellina, dettata colla limpidezza che quel famoso soleva, e dove tende a mostrare come da antico la Spagna si mostrasse ghiotta di quel paese, e ne instigasse i movimenti.

(79) Il Ludovisi suddetto era caldo protettore del celeberrimo Marini. Il Bagno era capo dei Ghibellini di Roma, e grand'amico dell'illustre Cartesio. V. BAILLET, Vie de Descartes, I 119.

(80) "Diletti figli, salute e benedizione apostolica. Non potranno mai lagnarsi d'essere stati dai pontefici in tanta necessità abbandonati i Valtellinesi, difensori della libertà e propugnatori della religione. Tanto vediamo in Europa stimassi questo paese e per l'opportunità dei luoghi e per la virtù degli abitanti, che il possesso d'una sola valle può rompere la concordia fra potentissimi re, e suscitare l'armi di ferocissime nazioni" Bolla del 22 giugno 1624.

(81) V. Istoria delle missioni de' frati minori cappuccini della provincia di Brescia nella Rezia dal 1621 al 1693 pel P. F. Clemente da Brescia. Trento, Pavone 1702. Ivi sono descritti alla grossa i martirii di molti santificati da poi, e le superstizioni che correvano fra quei popoli.

(82) Rimasero da 500 arciducali; con loro cadde il beato Fedele da Sygmaringa cappuccino, odiatissimo prefetto di quelle missioni. LAVIZZARI, p. 254.

(83) Il forte di Tirano fu rifabbricato nel 1625 dai Veneti, dirigendo i lavori gl'ingegneri bresciani Jacobo Tebanello e Giambattista Lantana, architetto del duomo di Brescia, che per malattia colà contratta morì.

(84) ALBERTI, Antichità Bormiesi, m. 5.

(85) Si stamparono di quel tempo le Filippiche, attribuite generalmente ad Alessandro Tassoni, ove si dipinge la condizione di quest'Italia, straziante sé stessa a pro degli stranieri; e si esortano tutti a dar mano al duca di Savoja "che solo s'attraversa ai disegni della futura tirannide, che solo non è stato effeminato da questa non meno artificiosa che lunga quiete, che come poliedro adentato dal lupo s'è fatto più coraggioso dopo i travagli" e si lagna che le lentezze, le freddezze, i timori del papa, del granduca, di Venezia abbiano ridato baldanza alla Spagna.

(86) SCHILLER, Dreizigjähriges Krieg: lascio a sua coscienza l'esattezza.

(87) Al solo marchese Corrada diede la valle L. 30.550 perché sollecitasse la marcia delle truppe.

(88) In Como si comprava il frumento L. 100, la segale L. 70, il miglio L. 60 al moggio.

(89) Componeva egli allora un'epopea in ottave La caduta de' Longobardi: ma quando col fil della vita del poeta dalle Parche parcamente ordita, già si parallelava il filo della poetica tessitura del suo poema, recise Cloto crudele col filo della vita quello ancor del poema, e furono più veloci l'ali della morte a sopraggiungere, che quelle di Pegaso a sottrarsene. Così suo fratello nella prefazione ad esso poema stampato a Milano 1656. Il Boldoni morì della peste nel 1630.

(90) TADINI, Ragguaglio dell'origine della peste ec. p. 13.

(91) Quella donna, faturata in un braccio di panno rosso, stette due mesi fitta nel letto senza mangiare, né bere altro che qualche stilla d'acqua infusale per un dente mancante. Eppure la vedevano affacciarsi alla finestra; ma come tosto s'accorgeva d'essere veduta, tornava al letto, ove immobile giaceva. Tardi guarì, non obstanti i debiti exorcsmi.

(92) ALBERTI, Ant. Borm. manoscritto.

(93) Manoscritti nell'archivio vescovile di Como.

(94) Probabilmente sono da riferire a quel tempo le ossa che si trovano al Fraele, che si sognano gigantesche, e che il popolo attribuisce agli Ariani uccisivi. Invano cercammo là intorno quel campo di Lugo, ove, secondo lo Sprecher, nessun fiore germoglia.

(95) Causa principale della rotta fu la vanità del Serbelloni stesso, il quale ricevuto lettere dal Fernamondo, ove gli si annunziava il sopraggiungere del Rohan, ricusò aprirle perché non lesse sulla soprascritta tutti i titoli a sé dovuti. I Valtellinesi, per ischivare contese dei convenevoli facili a sorgere allora, avevano decretato che sulle lettere si scrivesse nudamente Al sig. tale dei tali. Neppur questa fu dunque invenzione dei Giacobini.

(96) Vedi Memoires du Duc de Rohan. Questa marcia aveva fatto entrare il governo in disegno di una strada, che dal forte di Fuentes mettesse per Colico a Dorio, Corenno, Dervio e Bellano, poi per la

Valsassina a Lecco. Lo spilorcio governo spagnuolo non aveva i mezzi di ridurre in fatto quel disegno, che con più audace e generoso proponimento noi vedemmo condotto a fine.

(97) È presso me la lettera ch'egli scrisse al Cavallero Giacomo Robustelli che Dio guardi, sotto il 14 agosto, invitandolo senza resta a Milano col capitano Guicciardi, il cancelliere Paravicini (uomo sommamente benemerito della valle, per cui molto soffrì) e qualche altro soggetto dei contadi.

(98) Nell'archivio della curia di Como.

(99) Vedi spesso il Desimoni nel Discorso Apologetico sopra la Valtellina.

(100) Nel 1614 il vescovo di Como, Archinti, impetrava di visitar la Valtellina, e ne mandò relazione a Paolo V. Dopo estreme lodi al paese, si consola che "in quell'esecranda libertà di vivere, e dire quanto a ciascuno piace" appena tremila persone abbiano adottato la riforma, e i popoli accorreano festosi e piangenti ad accompagnarlo. A Tirano trova da 150 eretici, vil plebe. I cattolici di Poschiavo e Brusio tengonsi incontaminati, benché misti ai calvinisti. In Sondrio questi erano potenti per numero e ricchezza, sicché a fatica egli vi ottenne accesso. Più pericolosa era la Val di Chiavenna, e dalla Pregalia i riformati minacciavano assalirlo in armi. Un terzo dei Chiavennaschi aveva abbracciato l'errore, fra cui i meglio stanti. Quando esso Archinti tenne un sinodo nel 1618, il podestà di Traona pubblicò per editto terribili pene contro qualunque ecclesiastico spedisse lettere o uscisse dalla Valle; cento scudi di multa, o tre tratti di corda a chi non lo denunziasse conoscendolo. Nel 1700 erano 10 famiglie di protestanti in Tirano, 2 in Bianzone, 2 in Teglio, 1 a Castione Inferiore, 1 a Cajolo, 65 nel contado di Chiavenna.

(101) Relazione manoscritta.